首都圏版⑨ **最新入試に対応！　家庭学習に最適の問題集!!**

青山学院初等部

2025年度版 過去問題集

2022～2024年度 実施試験 計3年分収録

問題集の効果的な使い方

①学習を始める前に、まずは保護者の方が「入試問題」の傾向や、どの程度難しいか把握をします。すべての「アドバイス」にも目を通してください。
②各分野の学習を先に行い、基礎学力を養いましょう！
③力が付いてきたと思ったら「過去問題」にチャレンジ！
④お子さまの得意・苦手がわかったら、その分野の学習を進め、全体的なレベルアップを図りましょう！

厳選！ 合格必携 問題集セット

記憶	お話の記憶問題集 中・上級編
言語	Jr. ウォッチャー ⑰「言葉の音遊び」
図形	Jr. ウォッチャー ㊿53「四方からの観察(積み木編)」
常識	Jr. ウォッチャー 56「マナーとルール」
行動観察	新ノンペーパー問題集

日本学習図書 ニチガク

ニチガク式学習支援!!　　日本学習図書（ニチガク）

こんなこと…ありませんか？

「ニチガクの問題集…買ったはいいけど、、、
この問題の教え方がわからない（汗）」

メールでお悩み解決します！

- ホームページ内の専用フォームで必要事項を入力！
- 教え方に困っているニチガクの問題を教えてください！
- 確認終了後、具体的な指導方法をメールでご返信！
- 全国どこでも！スマホでも！ぜひご活用ください！

<質問回答例>

アドバイス

推理分野の学習では、後の学習に活きる思考力を養うことができます。ご家庭で指導する場合にも、テクニックにたよらず、保護者の方が先に基本的な考え方を理解した上で、お子さまによく考えさせることを大切にして指導してください。

Q.「お子さまによく考えさせることを大切にして指導してください」と学習のポイントにありますが、考える習慣をつけさせるためには、具体的にどのようにしたらいいですか？

A. お子さまが考える時間を持てるように、質問の仕方と、タイミングに工夫をしてみてください。
たとえば、「答えはあっているけど、どうやってその答えを見つけたの」「答えは○○なんだけど、どうしてだと思う？」という感じです。
はじめのうちは、「必ず30秒考えてから手を動かす」などのルールを決める方法もおすすめです。

まずは、ホームページへアクセスしてください!!

https://www.nichigaku.jp　日本学習図書　検索

目指せ！合格！

家庭学習ガイド
青山学院初等部

入試情報

募 集 人 数：男子 44 名、女子 44 名（内部進学者を除く）
応 募 者 数：非公表
出 題 形 式：ノンペーパー
面　　　接：保護者（原則両親）
出 題 領 域：口頭試問（記憶、図形、推理、常識）、制作、行動観察、運動

入試対策

2024 年度の入学試験は例年通り、適性検査Ａ、適性検査Ｂ、保護者面接の３項目で行われました。適性検査Ａは、１グループ約 10 名でいくつかの部屋を周りながら、口頭試問形式で試験が実施されました。内容は、記憶、図形、推理、常識などです。適性検査Ｂは、１グループ約 25 名で実施されました。内容は、絵本の読み聞かせ、発表、制作、運動などです。所要時間は適性検査Ａが約１時間、適性検査Ｂが約３時間です。体育館や教室など場所を変えながら、長時間の試験を実施するのは、学力以外に、時間の経過とともに表れるお子さまの「素の姿」を観ようということでしょう。保護者面接は、事前に提出した面接資料を元に行われます。自己紹介、ご家庭の教育について、お子さまについて、宗教に対する考え方についてなどが質問されます。所要時間は約 10 分です。

- 適性検査Ａ、適性検査Ｂともに、お子さま自身の言葉で説明する力が求められます。普段から、自分の考えを人に伝える機会を多く設けましょう。また、集団での受験となるため、周りに気を取られず、試験に集中して臨むことが重要です。

- 運動では、特に難しい課題はありません。年齢相応の運動能力を見せ、指示に従って行動ができるようにしましょう。集団で取り組む課題のため、お友だちとコミュニケーションをとることや、協力することも意識しましょう。

- どの課題も「自分で考える」ことがポイントになっているため、知識に頼る詰め込み型の学習だけでは対応できません。答えを出すまでの過程を重視し、論理的に考える力を養っていきましょう。

「青山学院初等部」について

＜合格のためのアドバイス＞

当校が望む子ども像は、経験に基づいた生活力・諦めない気持ち・粘り強さ・活力がある子どもです。これを踏まえ、試験全体を通し、積極性や、創意工夫をする様子を見せることは、決して無駄ではありません。

適性検査Ａは、記憶、図形、推理、常識などの基本的な設問が出題されました。「お話の記憶」では、登場人物の感情を想像したり、お話の季節の推測、絵の間違い探しなどが出題されました。それらからは年齢なりのコミュニケーション力や常識、想像力、好奇心などを観られています。文章は長いものではありませんが、記憶するものが複雑に絡み合っているため、集中力をしっかりとつけておくことが必要です。

適性検査Ｂでは、入学後の生活を見据えた観点から、集団で取り組む課題が出題されます。各課題において「×がついた子どもを落とす」のではなく、「○がたくさんついた子どもを選んでいく」という評価を行っているので積極的な行動をとるべきでしょう。運動や制作の課題では、高い運動能力や完成度の高い作品を求めてはいません。指示を理解する力、年齢相応の基本的な能力、コミュニケーション力、協調性などが評価されます。当校は、すべての試験が集団で実施されます。日頃から、知らないお友だちや異年齢のお友だちと関わり、人との付き合い方を学んでおくようにしましょう。保護者の方は、お子さまの知識を蓄積することだけではなく、豊かな感情を伸ばすような環境作りにも取り組み、お子さまの自主性を育ててあげてください。

〈2024 年度選考〉

◆アンケート（願書提出時）

◆保護者面接（約 10 分）
※願書提出時に面接資料を提出。

〈適正検査Ａ〉
◆口頭試問

〈適正検査Ｂ〉
◆行動観察
◆制作
◆運動

◇過去の応募状況

2024 年度	非公表
2023 年度	男子 307 名　女子 322 名
2022 年度	男子 251 名　女子 273 名

入試のチェックポイント

◇受験番号は……「生年月日順」
◇男女の別は……「男女別で実施」
◇生まれ月の考慮……「あり」

〈本書掲載分以外の過去問題〉

◆巧緻性：トートバッグにレジャーシートやお弁当などを詰める。[2020 年度]
◆言　語：真ん中が「ん」の３音の言葉を思いつくだけ言う。[2020 年度]
◆図　形：点線に沿って立体を切ったときの切り口の形を答える。[2020 年度]
◆常　識：鳥類の中で仲間外れの鳥を選ぶ。[2020 年度]
◆運　動：リレー、宇宙人鬼ごっこ［2020 年度］

青山学院初等部
過去問題集

〈はじめに〉

現在、少子化が叫ばれているにもかかわらず、私立・国立小学校の入学試験には一定の応募者があります。入試は、ただやみくもに学習するだけでは成果を得ることはできません。志望校の過去における出題傾向を研究・把握した上で、練習を進めていくこと、試験までに志願者の不得意分野を克服していくことが必須条件です。そこで、本問題集は小学校を受験される方々に、志望校の出題傾向をより詳しく知って頂くために、出題頻度の高い問題を結集いたしました。最新のデータを含む精選された過去問題集で実力をお付けください。

また、志望校の選択には弊社発行の「**2025年度版　首都圏・東日本　国立・私立小学校　進学のてびき**」をぜひ参考になさってください。

〈本書ご使用方法〉

◆出題者は出題前に一度問題を通読し、出題内容などを把握した上で、〈 準 備 〉の欄に表記してあるものを用意してから始めてください。
◆お子さまに絵の頁を渡し、出題者が問題文を読む形式で出題してください。問題を読んだ後で、絵の頁を渡す問題もありますのでご注意ください。
◆「**分野**」は、問題の分野を表しています。弊社の問題集の分野に対応していますので、復習の際の目安にお役立てください。
◆一部の描画や工作、常識等の問題については、解答が省略されているものがあります。お子さまの答えが成り立つか、出題者が各自でご判断ください。
◆〈 時 間 〉につきましては、目安とお考えください。
◆本文右端の［○年度］は、問題の出題年度です。［2024年度］は、「2023年の秋に行われた2024年度入学志望者向けの考査で出題された問題」になります。
◆**学習のポイント**は、指導の際にご参考にしてください。
◆**【おすすめ問題集】**は各問題の基礎力養成や実力アップにご使用ください。

〈本書ご使用にあたっての注意点〉

◆文中に **この問題の絵は縦に使用してください。** と記載してある問題の絵は縦にしてお使いください。
◆〈 準 備 〉の欄で、クレヨン・クーピーペンと表記してある場合は12色程度のものを、画用紙と表記してある場合は白い画用紙をご用意ください。
◆文中に **この問題の絵はありません。** と記載してある問題には絵の頁がありませんので、ご注意ください。なお、問題の絵の右上にある番号が連番でなくても、中央下の頁番号が連番の場合は落丁ではありません。
下記一覧表の●が付いている問題は絵がありません。

問題1	問題2	問題3	問題4	問題5	問題6	問題7	問題8	問題9	問題10
					●				●
問題11	問題12	問題13	問題14	問題15	問題16	問題17	問題18	問題19	問題20
							●	●	●
問題21	問題22	問題23	問題24	問題25	問題26	問題27	問題28	問題29	問題30
●	●								
問題31	問題32	問題33	問題34	問題35	問題36	問題37			
			●	●	●	●			

(得) 先輩ママたちの声！

◆実際に受験をされた方からのアドバイスです。
ぜひ参考にしてください。

青山学院初等部

・面接では、主に面接資料に書いたことに関して質問されました。和やかな雰囲気ではありましたが、先生方との距離が近く緊張しました。面接時間は10分程度だったので、あっという間に終わったという印象です。しっかりとまとめて話をすることが大切だと思います。

・学校についてどれだけ理解をしているのかを観ているので、学校説明会に参加して感じたことを、面接資料や願書に記入するとよいと思います。面接では必ずそこからの質問があります。

・適正Ｂ（行動観察）は、子どもにとって楽しいテストのようですが、ふざけてしまう子も多かったようです。

・考査終了後、息子は「楽しかったよ」と戻ってきました。楽しく周りのお友だちと関わることが大切なのかもしれません。

◎学習効果を上げるため、前掲の「家庭学習ガイド」及び「合格のためのアドバイス」をお読みになり、各校が実施する入試の出題傾向を、よく把握した上で問題に取り組んでください。
※冒頭の「本書のご使用方法」「ご使用にあたっての注意点」も併せてご覧ください。

2024年度の最新入試問題

問題1　分野：お話の記憶／口頭試問

〈準備〉　鉛筆

〈問題〉　さくらさんは、お父さんと弟ののぼる君と、おじいさんの住んでいる島へ会いに行くことになりました。お母さんはお仕事があるので、１日あとからおじいさんのところへ向かうことになっています。さくらさんはずいぶん前からおじいさんに会うのを楽しみにしていました。出かける日は、さくらさんのお家からバスに乗り飛行場に着きました。そのあと飛行機に乗り、最後は船でおじいさんの住む島へ向かいました。船ではさくらさんがソフトクリーム、弟ののぼる君はかき氷をおやつに食べました。とてもいい天気で、かもめがたくさん空を飛んでいます。おじいさんの家に着くと、おじいさんは海でとれた魚のお刺身を夕ご飯に出してくれました。とれたてのお刺身はとても新鮮でさくらさんが住む町のスーパーで売っているものよりおいしくて、つい食べ過ぎてしまいました。明日には、お母さんも着くことになっています。さくらさんは、お母さんにもとれたてのお刺身を食べさせてあげたいなと思いました。

（問題１の絵を渡す）
①さくらさんがおじいさんの家に行くときに乗らなかった乗り物に○をつけましょう。
②さくらさんと弟ののぼる君が船で食べたものに○をつけましょう。
③さくらさんと一緒におじいさんの家に行かなかった人に○をつけましょう。

〈時間〉　各15秒

〈解答〉　①左端（電車）　②左端（ソフトクリーム）、右から２番目（かき氷）
③右から２番目（お母さん）

アドバイス

お話としての内容はわかりやすく、長さも短いですが、①は乗らなかったもの、③一緒に行かなかった人を選択します。正答するためには、乗ったもの、一緒に行った人をきちんと把握していることが前提で、そのうえで正しい選択肢を選ぶ必要があります。②は複数選択になりますので注意しましょう。また、当校は口頭試問形式で行われますので、解答の正誤だけでなく、言葉遣いや態度も観られています。口頭で解答する時は「〇〇です」「△△だと思います」など、ていねいな言葉遣いで話すようお子さまを指導してください。返事をする時は背筋を伸ばし、相手の目を見てハッキリと話すことも大切です。解答の正誤を求めるだけでなく、こうした正しい話し方も身に付けておきましょう。お子さまに丁寧な言葉遣いを身に付けさせるためには、保護者の方のふだんの言葉遣いも大切ですので、お子さまのお手本になるような会話を心がけてください。

【おすすめ問題集】
1話5分の読み聞かせお話集①・②、お話の記憶問題集 初級編・中級編、
Ｊｒ・ウォッチャー12「日常生活」、19「お話の記憶」、20「見る記憶・聴く記憶」

問題2　分野：数量／口頭試問

〈準備〉　鉛筆

〈問題〉　上の四角の中に描いてある魚を見てください。下の左側に描いてある魚の数だけ、右の四角に○を描いてください。

〈時間〉　1分

〈解答〉　①○：6　②○：7　③○：5　④○：8

アドバイス

当校で毎年出題される数量の問題です。その中でも本問はそれぞれの（魚の）数を数える比較的オーソドックスな問題といえるでしょう。こうした問題は、はじめのうちは、指を使って数えることから始めると思いますが、慣れてきたら頭の中でできるようにしていきましょう。そのためには、数をイメージできるようにならないといけません。その第一歩として、おはじきなどを使って、目で見ることから始めましょう。数量の問題は、同じ種類の問題を繰り返して解くことでみるみる上達が実感できるでしょう。しかし慣れる一方で、数え間違いや見落としが出てくるのもこうした問題の特徴です。お子さまには素早く解くと同時に、見落としがないか確認するよう指導してください。数えるときは、一定方向から数えることで、重複や数え落としが防げます。数えたものに小さな印をつけていく方法もあります。

【おすすめ問題集】
Ｊｒ・ウォッチャー37「選んで数える」、38「たし算・ひき算１」、
39「たし算・ひき算２」、40「数を分ける」

問題3　分野：見る記憶／口頭試問

〈準備〉　記憶するカード、解答するカード（マークが記入されている、丸型）、解答を置くカード（記憶するカードと同じ形状で、何のマークも記入されていないもの）

〈問題〉　**この問題は絵を参考にして下さい。**
今から、カードに描かれた３つの丸いマークを覚えてください。
（10秒後）覚えたマークと同じものを選び、マークのあった場所に置いてください。

〈時間〉　１分

〈解答〉　省略

アドバイス

見る記憶の問題です。記憶するマークはシンプルですが、形の微妙な大きさの違いや配色など、記憶する要素はいくつかあります。この問題では、３つのマークを10秒程度で記憶し、20秒でそれぞれ同じマークを選んでカードの上に置いて再現しなければなりませんから、記憶の確かさと同時に、理解と行動のスピードも求められています。またカードに描かれたマークを記憶する→円形のマークを選ぶ→別のカードに選んだマークを並べる、という一連の手続きも、やや複雑なので指示を理解して行動することも必要です。解答には、観察力と記憶力が必要ですが、解答時間を考えると、ある程度直感的に解答しなければなりません。繰り返し練習を行うことで、必要な要素を短時間で把握できるようになります。

【おすすめ問題集】
Ｊｒ・ウォッチャー20「見る記憶・聴く記憶」

問題4　分野：見る記憶／口頭試問

〈準備〉　鉛筆、問題４の上の５つの絵を線に沿って切っておく

〈問題〉　上の５つの絵を左から５秒ずつ見せる。
①船の前に見た絵に○をつけましょう。
②最初に見た絵に△をつけましょう。
③最後に見た絵に×をつけましょう。

〈時間〉　各10秒

〈解答〉　①左端（コップ）　②左から２番目（リンゴ）　③真ん中（リボン）

アドバイス

問題3とはやや異なりますが、本問も見る記憶を問う問題です。登場するものの数は少ないですが、こうした問題に慣れていなければとスラスラ答えるのは難しいかもしれません。ましてや、当校は口頭試問ですので、初めて会う先生を前にあがってしまい、記憶が“飛んでしまう”のは、十分考えられる事態といえるでしょう。こうした記憶分野の問題は、集中力が大きく影響します。ですからご家庭での学習の際は、集中力を損なうようなプレッシャーはかけずに、平常心で問題に取り組めるようにしてください。間違いが続くと苦手意識を持ってしまいます。それを避けるためにも立体的なものは記憶しやすいので、はじめは具体物を並べ、練習してみましょう。うまくいかないなら得意分野の学習に切り替えるなど、気分転換をしながら臨みましょう。

【おすすめ問題集】
Ｊｒ・ウォッチャー20「見る・聴く記憶」

問題5　分野：言語／口頭試問

〈準備〉　鉛筆

〈問題〉　左上の四角の絵の中に描かれたものの名前の最後の音と、名前の最初の音が同じものを選んで○をつけましょう。

〈時間〉　1分

〈解答〉　下図参照（ライオン、ラクダ、ランドセル）

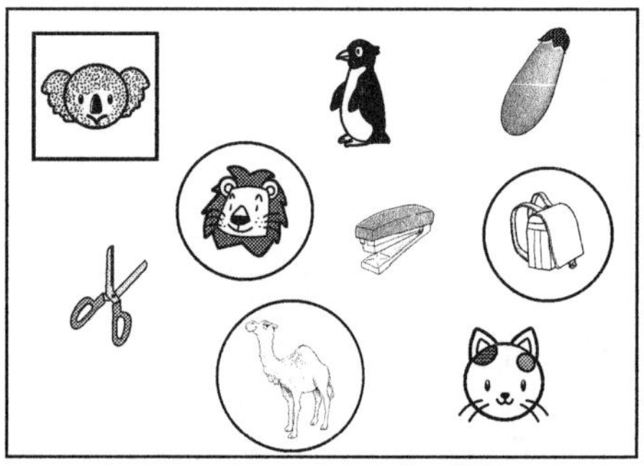

アドバイス

出題方法は少し変わっていますが、名前の最後の音と最初の音を繋げる、しりとりの問題であるとわかれば、複雑な問題ではないとわかります。このような問題の正答率を上げるには、普段どれだけ言葉遊びをして、語彙を増やしているかがポイントです。お子さまが興味を示したものは、保護者の方が図鑑やインターネットでイラストや写真を見せて、それがどういったものなのか一緒に調べてみてください。その時、1つのイラストや図鑑だけを見せるのではなく、さまざまなタッチのイラストや、多くの写真を見せてあげるとよいでしょう。たくさんの絵を見比べることで、それらから共通点を見出し、物に対する認識をいっそう深めていくことができます。

【おすすめ問題集】
Ｊｒ・ウォッチャー18「色々な言葉」、49「しりとり」、60「言葉の音」

問題6　分野：行動観察

〈準 備〉　スポンジブロック（適宜）

〈問 題〉　**この問題の絵はありません。**
・「ジャンケン列車」「ドンジャンケン」などで遊ぶ。
・スポンジブロックを使った「タワー作り」、「電車ごっこ」、「的当て」などの自由遊び。

〈時 間〉　各10分程度

〈解 答〉　省略

アドバイス

自由遊びは、制限時間もありますし、迷ってずっと遊ばないのはよくありません。積極的に遊びに参加しましょう。集団活動では、人数が増えれば増えるほど、積極性と協調性が重要になってきます。こうした力は一朝一夕には身に付きませんので、自然と身に付けられるよう、定期的にお友だちと遊ぶ機会を設けてください。なお、「ジャンケン列車」・「ドンジャンケン」の代わりに、園での定番の遊びの「フルーツバスケット」「猛獣狩りにいこうよ」を行ったグループもあったようですが、こちらも特に変わったゲームではありません。気になるようでしたら、一度経験しておくとよいでしょう。

【おすすめ問題集】
新ノンペーパーテスト問題集、Ｊｒ・ウォッチャー29「行動観察」

問題7　分野：常識・いろいろな仲間／口頭試問

〈準 備〉　問題７のカードを１枚ずつ切り離しておく。

〈問 題〉　ここにあるカードを仲間ごとに分けてください。終わったら、どんな仲間なのかを答えてください。

〈時 間〉　２分

〈解答例〉　クマ、カブトムシ、イヌ、スズメ／生きもの
電車、タクシー、自転車、バス／乗りもの
スイカ、おにぎり、ケーキ、クッキー／食べもの
※上記以外でも、説明に納得のいく分け方であれば正解としてください。

家庭学習のコツ①　「先輩ママたちの声」を読みましょう！

本書冒頭の「先輩ママたちの声」には、実際に試験を経験された方の貴重なお話が掲載されています。対策学習への取り組み方だけでなく、試験場の雰囲気や会場での過ごし方、お子さまの健康管理、家庭学習の方法など、さまざまなことがらについてのアドバイスもあります。先輩ママの体験談、アドバイスに学び、ステップアップを図りましょう！

アドバイス

仲間ごとに分ける作業は難しくはないので、その後のどんな仲間なのかを答えるところがポイントと言えるでしょう。仲間に分けることができたので、当然その理由も言えると考えがちですが、うまく答えることができないお子さまもいるようです。何となく知っているだけでは、言葉にするのが難しく、大人でもよくある「わかってはいるけど言葉になりにくい」という状態になってしまいます。それに加え、当校の入試は、口頭試問形式なので、お子さまは緊張して当たり前です。ペーパーテストではできる問題でも、口頭試問になるとできなくなってしまうことは、ありがちなことです。しっかりとした知識を身につけるとともに、言葉にして言えるように練習しておきましょう。

【おすすめ問題集】
Ｊｒ・ウォッチャー11「いろいろな仲間」

問題8　分野：運動

〈準備〉　平均台、マット、跳び箱

〈問題〉　この問題は絵を参考にしてください。
【サーキット運動】
①スタートから平均台まで走ってください。
②平均台の上を歩いて渡ってください。
③コーンまでクマ歩きで進んでください。
④跳び箱の上を越えて向こうまで歩いてください。
⑤肋木をできるところまで登ってください。
⑥ゴールまで走ってください。

〈時間〉　5分

〈解答〉　省略

アドバイス

例年同様、基本的な運動を続けて行うサーキット形式で行われました。特別な動きではないので一つひとつはそう難しくはありません。年齢相応の体力がついていれば、大きな問題はないでしょう。平均台はご家庭で用意することは難しいですが、床にテープを貼り、その上を歩くことである程度は練習できます。肋木については、公園のジャングルジムでよく遊んでいるお子さまであれば、それほど難しくはないでしょう。とはいえ、近年は安全の観点からジャングルジムのある公園がずいぶん減りました。代わりに複合遊具にボルダリングの要素がついたものを見掛けるようになりましたので、こうしたものを利用してみてもよいでしょう。いずれにしても、本問は課題ができるかどうか以上に、臨む態度が重要になります。運動に真剣に取り組むことはもとより、待機中の行動も観られています。私語は慎み、課題に取り組んでいるほかのお友だちを見て待つようにしましょう。課題が終わった後も、気を抜かないように指導してください。

【おすすめ問題集】
新運動テスト問題集、Ｊｒ・ウォッチャー28「運動」

問題9　分野：制作

〈準 備〉　紙コップ、ハサミ、油性ペン（６色程度）、ストロー、セロハンテープ

〈問 題〉　（あらかじめ紙コップの側面に、６等分になるような線を引いておく）
紙コップで、回るお花を作りましょう。
①紙コップを線に沿ってハサミで切ってください。
②切った部分を広げて花びらにしたら、花びらの部分に油性ペンで好きな絵を描いてください。
③紙コップの真ん中に、セロハンテープでストローをつけてください。
④これで完成です。ストローを持って、くるくる回して遊びましょう。

〈時 間〉　適宜

〈解 答〉　省略

アドバイス

ハサミやストロー、セロハンテープといった道具をきちんと使い、指示通りのものを作れるでしょうか。歳相応の器用さと、指定されたものをその通りに作れるかどうかが問われます。まず、椅子に座ってじっとして作業に集中できるかがポイントです。我慢するというよりは、動く時は動く、じっとする時はじっとすると、行動にけじめを持てるようにしましょう。これについてはお子さまをしつけるだけでなく、保護者も日頃の生活で、ながら作業をしない、時間を守って行動する、約束をちゃんと守るなど、お子さまの手本になってください。また、創意工夫は立派なことですが、指示にないことをするのは、あまり良い印象を与えません。絵を描くときは好きなものを描いてよいですが、基本的に指示のとおりに作業を進めていった方が良い印象をもたれます。ストローを紙コップにつけるのは難しいと思います。回してもはがれないようにするには、ストローの先をいくつかに切り分けて貼る方法もあります。ぜひ練習してみましょう。

【おすすめ問題集】
実践 ゆびさきトレーニング①②③、 Ｊｒ・ウォッチャー23「切る・貼る・塗る」

家庭学習のコツ②　「家庭学習ガイド」はママの味方！

問題演習を始める前に、試験の概要をまとめた「家庭学習ガイド（本書カラーページに掲載）」を読みましょう。「家庭学習ガイド」には、応募者数や試験課目の詳細のほか、学習を進める上で重要な情報が掲載されています。それらの情報で入試の傾向をつかみ、学習の方針を立ててから、対策学習を始めてください。

問題10　分野：面接（保護者面接）

〈準備〉　なし

〈問題〉　この問題の絵はありません。

【父親へ】
・志望理由をお聞かせください。
・当校を知ったきっかけは何ですか。
・教会学校（日曜学校）に参加したことはありますか。
・お子さまとのコミュニケーションはとれていると思いますか。
・お子さまの成長をどこで感じますか。
・仕事をしながら、お子さまをサポートする体制はできていますか。
・奥様の子育てについてどうお考えですか。

【母親へ】
・子育てで大切にしていることは何ですか。
・幼稚園（保育園）ではどんなお子さまだと言われますか。
・お子さまが通われている幼稚園の特徴を教えてください。
・しつけで気をつけていることはありますか。
・フルタイムで働かれていますか。
・オープンスクールでの学校の子どもたちの印象はどうでしたか。
・子育てとご主人の仕事のサポートとのバランスをどう取っていますか。
・お子さまはお稽古事をしていますか。そのお稽古事を選んだ理由もお答えください。

〈時間〉　10分程度

〈解答〉　省略

アドバイス

志願者に対しての質問が多く、保護者への質問でも家庭やお子さまに関する内容が中心です。教育方針がしっかりしていれば、答えにつまってしまうような質問はありません。お子さまとのコミュニケーション、保護者間のコミュニケーションをしっかりとっておくことが、当校の面接対策になります。お子さまに対する質問が多いからといって、マニュアル的な答えを覚えさせても意味はありません。お子さまへの質問は何を答えるのかではなく、どう答えるかの方が重要です。どんな対応するかが観られていると言ってもよいでしょう。普段、自分の考えをもって生活していくことがこのような質問への対策となります。付け焼き刃で対応できるものではないので、しっかりとした準備が大切です。

【おすすめ問題集】
新小学校受験の入試面接Q＆A、家庭で行う面接テスト問題集、
保護者のための面接最強マニュアル

家庭学習のコツ③　効果的な学習方法～問題集を通読する

過去問題集を始めるにあたり、いきなり問題に取り組んではいませんか？　それでは本書を有効活用しているとは言えません。まず、保護者の方が、すべてを一通り読み、当校の傾向、ポイント、問題のアドバイスを頭に入れてください。そうすることにより、保護者の方の指導力がアップします。また、日常生活のさまざまなことから、保護者の方自身が「作問」することができるようになっていきます。

2023年度以前の入試問題

問題11　分野：記憶（お話の記憶）／口頭試問

〈準 備〉　鉛筆

〈問 題〉　お話を聞いて、後の質問に答えてください。

ゆきさんは、お父さん、お母さん、お姉さんの４人家族です。ゆきさんは明日が誕生日で４歳になります。ゆきさんはお友だちの家に遊びに出かけました。ゆきさんが出かけている間にお父さん、お母さん、お姉さんは誕生日のプレゼントを買いに出かけました。外は桜が満開です。お父さんは椅子を買いました。ゆきさんは大きくなってきたので、今まで使っていた椅子を変えてやろうと思っていました。お母さんはケーキを買いました。お姉さんは花を買う役目です。どんな花がよいのか迷いました。そこでお父さんの好きな花を聞くと「ユリが好きだな」と言い、お母さんに聞くと「私はコスモスが好き」と答えました。お姉さんは「私はひまわりが好きなんだけどなー」と迷っています。でもゆきさんはピンク色が好きなことを考えて、ピンクのカーネーションの花束にしました。お家に帰ったら、まだ、ゆきさんが帰っていませんでした。明日の誕生祝のときにゆきさんがどんな顔をするのか想像しながら、見つからないようにプレゼントを隠しました。

（問題11の絵を渡す）
①それぞれが買ったプレゼントを線で結んでください。
②買い物をした順番になっている絵に○をつけてください。
③お父さん、お母さん、お姉さんが好きな花を線で結んでください。
④ゆきさんはいくつの誕生日を迎えますか。その数だけ○を書いてください。
⑤ゆきさんの生まれた季節と同じものに○をつけてください。

〈時 間〉　各15秒

〈解 答〉　①父－椅子、母－ケーキ、姉－花　②真ん中
③父－ユリ（左から２番目）、母－コスモス（右端）、姉－ヒマワリ（左端）
④○：4つ　⑤アヤメ（真ん中）

［2023年度出題］

アドバイス

お話を記憶することはもちろん、お話の内容から派生した知識が必要になります。設問③では、人物とそれぞれの好きな花を線で結びますが、その花の名前とその実物が結びつかなければ答えることができません。設問⑤では、ゆきさんの生まれた季節に咲く花を選びます。問題文に「桜が満開です」とあるため、ゆきさんの誕生日は春とわかります。桜の他に春に咲く花はアヤメです。このように、当校のお話の記憶の問題では、記憶力、集中力、そして、一般常識的な知識が求められます。対策としては、普段からの読み聞かせ、図鑑を読むこと、外に出て自然を観察することなどがあります。季節の植物や、行事、旬の食材など、身の回りにあるものから一般常識を養いましょう。

【おすすめ問題集】
１話５分の読み聞かせお話集①・②、お話の記憶問題集 初級編・中級編、
Ｊｒ・ウォッチャー12「日常生活」、19「お話の記憶」、20「見る記憶・聴く記憶」

問題12　分野：記憶（お話の記憶）／口頭試問

〈準 備〉　鉛筆

〈問 題〉　今日は、朝からお母さんとこうたくんは掃除をしていました。お家の掃除が終わったら、庭の掃除もする約束をしています。お家の中の掃除が終わるころ、玄関のチャイムが鳴って、宅急便のお兄さんがバイクで荷物の配達に来てくれました。荷物は田舎に住んでいるおばあちゃんからの物でした。昨日、畑でとれたと思われるトマトやナス、キュウリが、青いビニール袋に入っていました。別の袋にはお父さんの大好きなトウモロコシ、それに箱の下の方にはジャガイモや玉ねぎ、にんじんが入っていました。これは全部おばあちゃんが作ったものです。手紙も入っていました。「また遊びにおいで。好きなコロッケやお稲荷さんを作るよ。待っているからね」と書いてありました。手紙を見たこうたくんは、電車に乗っておばあちゃんの家に行く想像をしていると、胸がわくわくしてきました。お母さんが「今夜は、おばあちゃんからいただいたもので、カレーライスにしましょうね」と言いました。それからこうたくんは今夜のご飯を楽しみにしながら、庭の掃除もしっかりやり終えました。

（問題12の絵を渡す）
①宅急便のお兄さんが乗ってきた乗り物は何でしょうか。○をつけてください。
②青いビニール袋に入っていた野菜は何でしょうか。○をつけてください。
③このお話の季節はいつでしょうか。同じ季節の物に○をつけてください。
④送られてきたものは何種類ありましたか。その数だけ○を書いてください。
⑤こうたくんはどんなお手伝いをしましたか。○をつけてください。

〈時 間〉　各15秒

〈解 答〉　①バイク　②ナス・トマト・キュウリ　③海水浴　④○：7つ
⑤掃除

［2023年度出題］

アドバイス

お話の記憶を解く力は、普段からの読み聞かせの量が比例します。お子さまはしっかりと記憶できていたでしょうか。設問③では記憶力だけでなく、お話の内容から派生した知識が必要になります。本問では、季節を判断できるものとして、トマト、ナス、キュウリなどの夏野菜が登場しています。設問④では送られてきたものの数を質問しています。情報が多いため、記憶があやふやだと、この時点で混乱してしまうと思います。保護者の方は、お子さまが解答しているときの様子を観察し、しっかりと記憶できていたかをチェックしてください。チェックしたことは、保護者の方の胸の内にしまい、今後の対策に生かしてください。また、お話の記憶は自分が体験したことや、知っている内容などの場合、記憶しやすいと言われてますが、コロナ禍の生活を強いられたお子さまは、生活体験量が多くありません。ですから、普段の生活でコミュニケーションをとり、読み聞かせや、図鑑などを読むことで、記憶力と常識をしっかりと身につけるようにしましょう。

【おすすめ問題集】
1話5分の読み聞かせお話集①・②、お話の記憶問題集 初級編・中級編
Ｊｒ・ウォッチャー19「お話の記憶」、20「見る記憶・聴く記憶」

問題13　分野：言語（言葉の音・しりとり）／口頭試問

〈準 備〉　鉛筆

〈問 題〉　①言葉の最後の音が「ん」で終わるものに○をつけてください。
②言葉のどこかに詰まる音が入っているものに○をつけてください。
③しりとりをしてつながらないものに○をつけてください。
④しりとりをしてつながらないものに○をつけてください。

〈時 間〉　各30秒

〈解 答〉　①ズボン、ダイコン　②スリッパ、チューリップ　③ツル　④キノコ

［2023年度出題］

アドバイス

描かれてある絵の名前は、すべて知っているものでしたか。もし、本問に出てくる絵がわからないようであれば、語彙が不足していると言わざるを得ません。言語分野の学習は、机の上でなくても、問題集がなくてもできるものです。語彙数は、日頃の生活体験が大きく関わってきます。本問と同じく、しりとりをしたり、図鑑を読んだり、絵本の読み聞かせをすることなどが、語彙を増やし、名前と物が一致する有効な方法です。語彙は、馴染みのない難しいものを教えるのではなく、あくまでも日常生活で自然と習得できるものを学習していきましょう。小学校入試では、生活体験が重要になります。日常生活の中にたくさんある学びの機会を逃さないようにしてください。

【おすすめ問題集】
Ｊｒ・ウォッチャー17「言葉遊び」、18「いろいろな言葉」、49「しりとり」、60「言葉の音（おん）」

問題14 分野：図形（点結び）／口頭試問

〈準備〉 鉛筆

〈問題〉 左に書いてある形と同じになるように点と点を結んで書いてください。

〈時間〉 1分

〈解答〉 省略

［2023年度出題］

アドバイス

点図形は、運筆の基礎です。難しいものでなくてもよいので、毎日続けることをおすすめします。点から点へまっすぐな線を書く、間違えないように慎重に線を引く、曲線はゆるやかに書く、など、普段から取り組む姿勢を意識することが大切です。回転や反転などをした複雑な点図形ではないので、姿勢を正し、慎重に取り組んでいきましょう。鉛筆の持ち方も関係してきますし、左から右、もしくは上から下へ書き進めるのが基本ですが、左利きのお子さまは、右側から書き始め、書いた線がきちんと見えるように進めていくとよいでしょう。点図形は、線の書き間違えが多くなるほど、訂正の印が増え、正しい線がどれなのか、本人も採点者もわかりにくくなってしまうものなので、ここは慎重に座標を見極め、一度でしっかりと模写ができるように練習をしていきましょう。

【おすすめ問題集】

Ｊｒ・ウォッチャー1「点・線図形」、2「座標」、51「運筆①」、52「運筆②」

問題15 分野：常識（仲間）／口頭試問

〈準備〉 鉛筆

〈問題〉 ①～③それぞれの段で仲間でないものに○をつけてください。
④足の数が同じものを線で結んでください。
⑤上の4つを見てください。下に描いてある仲間と同じものに同じ印を右下の四角に書いてください。

〈時間〉 ①～③各5秒、④10秒、⑤30秒

〈解答〉 下図参照

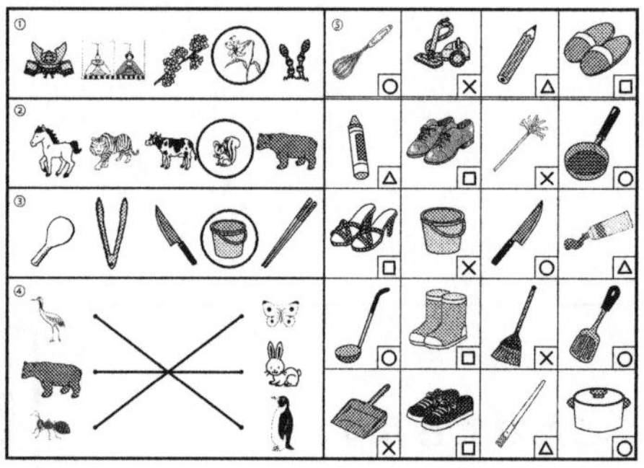

［2023年度出題］

アドバイス

解答時間が短いため、情報の分析と、正解の判断を、素早く行えるようにしましょう。分析力と判断力は、知識の量に比例します。①では、季節の植物や行事が並んでいます。ほとんどが春に関係するものですが、ユリだけは夏の花で、仲間外れだと判断できます。②は、助数詞の違いに気付くかです。基本的に、人より大きい動物は「頭」、小さい動物は「匹」をつけて数えます。⑤は絵と記号を置き換える問題です。まず、どのグループがどの記号に対応しているかを把握しましょう。解答方法ですが、「料理道具に○を書く、文房具に△を書く、履物に□を書く…」というふうに、記号ごとでまとめて書き込む方法をおすすめいたします。絵の並びごとに「△、□、×、○…」と書いていくことは、頭の中で絵と記号を頻繁に対応させなくてはいけなくなり、混乱する可能性があるからです。書く記号が一定ではないため、解答が雑になりやすく、書き間違えも起こり得ます。解答時間が短いため、解答の正確さと、スピードを意識して取り組むようにしましょう。

【おすすめ問題集】

Ｊｒ・ウォッチャー12「日常生活」、34「季節」、57「置き換え」

問題16 分野：図形（同図形探し）／口頭試問

〈準 備〉 鉛筆

〈問 題〉 上の形を作るのに使わない形に○をつけてください。

〈時 間〉 各15秒

〈解 答〉 ①三角形　②正方形

［2023年度出題］

アドバイス

すぐに使わない形を見つけられなかった場合は、使っている形を１つひとつ印をつけて消していき、残った形とお手本の絵を比較して、本当に使われていない形かどうかを確認しましょう。この方法で使わない形を見つけられるようになったら、解答時間を意識して取り組みましょう。バラバラになった形を１つひとつチェックする方法は、どうしても時間がかかります。問題全体を一目見て、不要な形の見当をつけるためには、形と形を比較するスピードを上げる必要があります。これは、普段から図形に見慣れていることがポイントになります。例えば、神経衰弱の要領で、異なる図形を２枚ずつ作って並べ、制限時間内にペアを探す遊びをしてみるのはいかがでしょうか。図形が多いほど難易度が上がりますが、部分ではなく、全体を見る練習になり、同図形探しの対策になります。

【おすすめ問題集】

Ｊｒ・ウォッチャー４「同図形探し」

問題17　分野：記憶（見る記憶）／口頭試問

〈準備〉　鉛筆

〈問題〉　①この形をよく覚えてください。
（問題17－１の絵を30秒間見せる）
（問題17－１の絵を伏せる。問題17－２の絵を渡す）
では、ここに先ほど見たように同じ場所に同じ形を書いてください。
②絵を見て、よく覚えてください。
（問題17－３の絵を30秒間見せる）
（問題17－３の絵を伏せる。問題17－４の絵を渡す）
・１番上を見てください。今見た絵に描いてあったものに○をつけてください。
・真ん中を見てください。今見た絵に人は何人いましたか。その数だけ○を書いてください。
・１番下を見てください。今見た絵に描いてあったものに○をつけてください。

〈時間〉　２分

〈解答〉　①省略　②下図参照

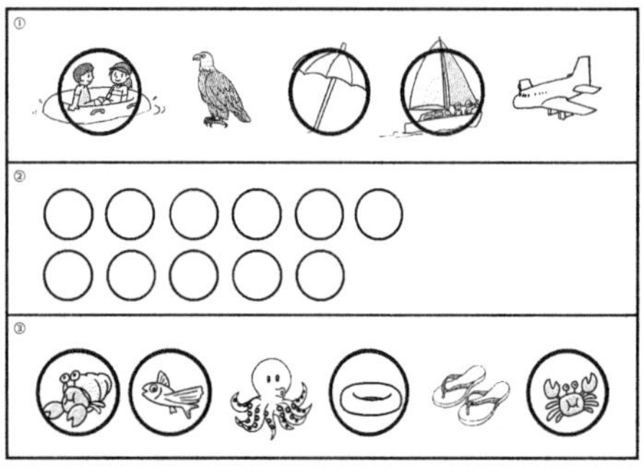

［2023年度出題］

アドバイス

解答時間が長く設定されているため、細かい部分までしっかりと記憶できるようにしましょう。この問題では、「何があるか」と「いくつあるか」という２点の記憶が必要です。お子さまが苦手に感じているようであれば、全体を見たり、細かく見たりといった形でお子さまの覚えやすい方法を一緒に探してあげてください。その中でも形を覚えるのが苦手なのか、数を覚えるのが苦手なのか、お子さまは何ができて何ができないのかを保護者の方がしっかりと掴んでおきましょう。また、学習をしているとき、お子さまがヤマを張って記憶していると感じたときなどは「かもめは何羽いた？」「帽子を被った人は何人いた？」と問題をアレンジしてみるのもおすすめです。記憶力を身につけるのに近道はありません。問題に慣れるためには、少しずつ練習を重ねることが大切です。

【おすすめ問題集】
Ｊｒ・ウォッチャー20「見る記憶・聴く記憶」

問題18　分野：制作

〈準 備〉　クレヨン、フェルトペン、のり、セロテープ、ハサミ、画用紙、さまざまな形が描いてある画用紙、紙コップ、紙皿、モール、ストロー、マスキングテープ、台所用品、砂場遊びの道具、その他さまざまなもの

〈問 題〉　**この問題の絵はありません。**
制作の前に読み聞かせがある。お話の後に質問があり、挙手して指名されたら答える。その後、お話に出てきたものを作るように指示される。

読み聞かせのお話
・「こぶたはなこさんのたんじょうび」
・「ハンバーガーボーイ」
・「はじめはりんごのみがいっこ」

制作
・「ハンバーガーボーイ」に出てくるハンバーガーを作る。
・自分の好きな生き物や誕生日のプレゼント、書いてある形を切り取り、好きなものを作る。
・海に住んでいる生き物を作る。
・プレゼントを作る。
・宇宙にあるものを作る。

〈時 間〉　適宜

〈解 答〉　省略

［2023年度出題］

アドバイス

制作では、想像力や作業中の態度、お話を理解しているかなどが観察されています。対策としては、本問と同じように、真新しい内容の本を読み聞かせることから始めましょう。お話が終わったら、内容に関する質問をいくつかして、お話を把握できているか確認しましょう。その後に、制作の課題を与えます。制作物は、お話と全く関係のない物を作ると、内容を把握できていないと判断されるかもしれません。あくまでお話から連想できるものにし、楽しみながら取り組みましょう。ご家庭で制作の練習をされる際は、保護者の方も一緒に作業されてみてはいかがでしょうか。保護者の方の作業の様子を見て、お子さまは、材料や道具の使い方、制作物のアイデアなどを得ることができます。また、試験中は材料や道具の扱い方に注意しましょう。物を占領してはいませんか。ハサミを人に渡すときは柄の部分を向けて渡していますか。のりの出す量は適量ですか。制作の過程も評価されていることを忘れずに、試験に臨みましょう。

【おすすめ問題集】
実践　ゆびさきトレーニング①・②・③、Ｊｒ・ウォッチャー23「切る・貼る・塗る」

問題19　分野：行動観察

〈準 備〉　なし

〈問 題〉　この問題の絵はありません。

・１人ずつ名前、通っている幼稚園・保育園の名前、家族について、本日の登校手段、家でのお手伝いについて、食べ物の好き嫌い、好きなこと、今夢中になってやっていること、今までやってきたことや行ったところで楽しかったことを発表する。
・自分が作った制作物をみんなに見せる。何を作ったのか、どんなところを頑張ったのかを発表する。

〈時 間〉　１人３分

〈解 答〉　省略

[2023年度出題]

アドバイス

集団による面接と考えてよいでしょう。人前でもはきはきと話せるようになるには、普段から、いろいろな人と会話する機会を設けることです。そのためには、例えば、スーパーへ買い物に行った際、どこに置いてあるのかわからない商品があれば、位置をお店の人に尋ねたり、公園で初めて会うお友だちと遊ぶ、家族の前で何かを発表するなど、工夫をして度胸をつけていくとよいでしょう。コミュニケーションの場を多く持つことで、話し方が身につき、語彙が増え、自然と自信もついていきます。保護者の方は、お子さまの言葉遣いや、声の大きさ、態度などを観てあげてください。お子さまが発表することに苦手意識を持たれている場合は、保護者の方がお手本を見せてあげましょう。保護者の方が自信を持って話す姿を見ると、お子さまも実行することに抵抗がなくなります。

【おすすめ問題集】
新小学校受験の入試面接Ｑ＆Ａ、家庭で行う面接テスト問題集

家庭学習のコツ①　「先輩ママたちの声」を読みましょう！

本書冒頭の「先輩ママたちの声」には、実際に試験を経験された方の貴重なお話が掲載されています。対策学習への取り組み方だけでなく、試験場の雰囲気や会場での過ごし方、お子さまの健康管理、家庭学習の方法など、さまざまなことがらについてのアドバイスもあります。先輩ママの体験談、アドバイスに学び、ステップアップを図りましょう！

問題20　分野：行動観察

〈準 備〉　ボール、縄跳び、風船、椅子など

〈問 題〉　**この問題の絵はありません。**
自由遊び：「体育館にあるものを使用して自由に遊ぶこと」「使ったものは元のところに戻すこと」「静かに遊ぶこと」などの指示がある。
課題遊び：フルーツバスケットや鬼ごっこ、ボールを使った遊び、指示されたポーズをとる、などがある。

〈時 間〉　適宜

〈解 答〉　省略

［2023年度出題］

アドバイス

自由遊びでは、用意された遊び道具を適切に使ってお友だちと一緒に遊べるかどうか、という協調性がポイントになります。課題遊びでは、ルールを理解した上でそれを守り、お友だちと楽しく遊べるかどうかが観られています。いずれもお子さまのお友だちとの接し方を観ることで、入学後の集団生活への適性を見極める課題です。お子さまの普段のお友だちとの接し方をチェックしてみてください。気になることがあった場合には、頭ごなしに「ああしなさい、こうしなさい」と言うのではなく、お子さまの考えに耳を傾けた上で「こうしたらどうかな」「〇〇さん（お友だちの名前）は、こう思うんじゃないかな」など、他者への想像力を育むようなアドバイスを心がけてください。また、楽しく遊ぶことの他に、道具を丁寧に扱うことも意識して試験に臨みましょう。道具を使う前に、どこにどのように片付けてあるかを確認し、遊び終わったあとは必ず元通りにしましょう。お子さまは普段から整理整頓ができていますか。保護者の方は、お片付けだけでなく、靴や服の脱ぎ方までチェックし、物を丁寧に扱うことを習慣化させてあげましょう。

【おすすめ問題集】
Ｊｒ．ウォッチャー28「運動」、29「行動観察」

家庭学習のコツ②　「家庭学習ガイド」はママの味方！

問題演習を始める前に、試験の概要をまとめた「家庭学習ガイド（本書カラーページに掲載）」を読みましょう。「家庭学習ガイド」には、応募者数や試験課目の詳細のほか、学習を進める上で重要な情報が掲載されています。それらの情報で入試の傾向をつかみ、学習の方針を立ててから、対策学習を始めてください。

問題21　分野：運動

〈準 備〉　バトン、お手玉、平均台、跳び箱、マット、ろくぼく、ビニールテープ

〈問 題〉　**この問題の絵はありません。**

・先生の手本と同じように模倣体操をする。
・クマ歩きをする。
・両手を前に出したり、後ろに組んだり、上にあげたりして、うさぎ跳びをする。
・バランス運動。
・バトンリレーをする。（障害物競走）
・リズムに合わせて指示に従って行動をする。
・連続運動（平均台→跳び箱→マット運動→ろくぼく→ケンケンパ）をする。

〈時 間〉　適宜

〈解 答〉　省略

［2023年度出題］

アドバイス

難易度がそれほど高くない課題がほとんどですから、１つひとつの動作が雑にならないように注意し、落ち着いて取り組みましょう。ここでは、運動能力もさることながら、指示された通りに行動できているか、課題に意欲的に取り組んでいるか、自分以外のお友だちが試験を受けている間も集中力を持続できているかなどが観られています。特に、３つ目の待機中の様子も評価されていることを忘れないでください。試験を受ける順番によって、緊張や集中力のピークは変わります。試験が早く終わったお子さまは、待ち時間が長くなってしまうため、緊張感が薄れ、気が緩んでしまうかもしれません。大切なことは、待ち時間も試験だと意識することです。待ち時間の過ごし方については、ご家庭で事前に話し合い、確認をしておきましょう。

【おすすめ問題集】
Ｊｒ．ウォッチャー28「運動」

問題22　分野：面接（保護者面接）

〈準備〉　なし

〈問題〉　**この問題の絵はありません。**

【父親へ】
・自己紹介をしてください。
・出身校とお仕事についてご紹介ください。
・志望理由と当校を選んだ理由をお教えください。
・キリスト教についての考えを教えてください。
・日曜礼拝に通うようになった時期と理由についてお答えください。
・兄弟で違う学校に通うことについてお聞かせください。
・お子さまはどのような子どもだと思いますか。
・平日の子どもとの関わり方についてお教えください。
・家庭の教育方針と具体的にやっていることをお教えください。
・子どもの送迎についてお聞かせください。
・本校のＨＰと説明会の印象についてお聞かせください。
・他校を受験するかどうかお教えください。

【母親へ】
・出身校とお仕事についてお教えください。
・子どもと関わる時間についてお聞かせください。
・本校を知ったきっかけと志望理由をお聞かせください。
・教会に通うきっかけと頻度についてお教えください。
・通っている幼稚園はどのような幼稚園ですか。
・お子さまはお家ではどのようにお過ごしですか。
・長期休暇の際はどのようにされていましたか。
・子どもの育て方で大切にしていることをお教えください。
・入学前に身につけさせたいことはありますか。
・お子さまがいま取り組んでいることはありますか。
・お子さまのご兄弟の仲はよいですか。

【面接資料について】
・本校を知ったきっかけをお聞かせください。
・本校の教育のどのような点がよかったと思われますか。
・子どもの日常生活についてお聞かせください。
・在園中のお子さまの様子をお教えください。
・今のお子さまの様子について思うことをお聞かせください。

〈時間〉　適宜

〈解答〉　省略

［2023年度出題］

家庭学習のコツ③　効果的な学習方法～問題集を通読する

過去問題集を始めるにあたり、いきなり問題に取り組んではいませんか？　それでは本書を有効活用しているとは言えません。まず、保護者の方が、すべてを一通り読み、当校の傾向、ポイント、問題のアドバイスを頭に入れてください。そうすることにより、保護者の方の指導力がアップします。また、日常生活のさまざまなことから、保護者の方自身が「作問」することができるようになっていきます。

アドバイス

当校の面接は、出願の際に提出した面接資料の内容を元に行われます。日頃から、ご家庭の教育方針を立てた上での子育て、日常生活を送っておられることと思います。学校側は、あらゆる面からの質問で、それらが絵に描いた餅なのか実際に実行されていることなのかを知ろうとします。日常生活や幼稚園での出来事など、お子さまから話を聞くことを日々の習慣にしましょう。お子さまの性格や日頃の行動、考え方など、さまざまなことをご家庭で共有し、お子さまへの理解度を高めてください。しつけや学習面など、普段から心がけていることを、どのように話すか整理しておきましょう。また、当校への関心の深さや、教育方針を理解しているかも観られています。キリスト教や宗教教育に対する考え方を明確にし、志望動機にも反映できるようにしましょう。

【おすすめ問題集】

新小学校受験の入試面接Q＆A、家庭で行う面接テスト問題集、
保護者のための面接最強マニュアル

問題23　分野：記憶（お話の記憶）

〈準備〉　鉛筆

〈問題〉　お話を聞いて、後の質問に答えてください。

こうたくんの家では、今日がこうたくんの誕生日で６歳になります。それで、お母さんが誕生日のお祝いに大きなケーキやハンバーグ、野菜サラダ、ポテトフライなどのご馳走を作りパーティーをします。ケーキにローソクを６本立てました。みんなでお祝いのハッピーバースデーの歌を歌い、歌が終わると、こうたくんは一気にろうそくの火を吹き消しました。お父さんから誕生日のプレゼントに靴をもらいました。そのときお父さんが「こうた、お兄さんになったね。これからは自分の靴は自分で洗うようにしたらどうかな」と言われました。翌日こうたくんは早速、今まではいていた靴を洗いました。バケツに水を入れて洗剤を付け、たわしでゴシゴシ、ゴシゴシ一生懸命に洗いました。靴を洗っていると石鹸の泡が茶色になってきました。水ですすぐと見違えるようにきれいになっていました。庭に咲いている白いハナミズキの花の色のように靴が白くなりました。靴はベランダの靴干しハンガーに干しました。翌日乾いた靴は白く光っているように感じました。履いてみると、とても気持ちがよくなり、みんなの靴も洗うことにしました。お父さんやお母さん、妹の靴を洗っていると、お父さんに「おや、こうたはすごく素敵なお兄さんになったな」と言われ、妹には「お兄ちゃん大好き」、お母さんは「こうた、ありがとう、とてもうれしいよ」と言われました。こうたくんはどうしてよいのかわからず照れましたが、とてもうれしい気持ちになりました。こうたくんは、心の中で、他にも何かお手伝いしようと思いました。

（問題23-１と23-２の絵を渡す）

①こうたくんは何歳になりましたか。その数と同じろうそくに○をつけてください。
②こうたくんが靴を洗うときに使わなかったものはどれでしょうか。○をつけてください。
③こうたくんは全部で何足の靴を洗いましたか。その数と同じ靴の絵に○をつけてください。
④こうたくんが生まれたのはいつの季節でしょうか。同じ季節の物に○をつけてください。
⑤こうたくんが洗った靴を履いたときの顔はどのような顔だったでしょうか。その顔に○をつけてください。
⑥お母さんが誕生日のお祝いで作らなかったものに○をつけてください。
⑦このお話の順番を並べたとき３番目に来る絵に△をつけてください。
⑧こうたくんの家族は何人ですか。その数だけ○を書いてください。

〈時間〉　各15秒

〈解答〉　①右から２番目　②右端　③左から２番目　④右から２番目　⑤真ん中
⑥右端と左端　⑦左から２番目　⑧○：４つ

［2022年度出題］

アドバイス

解答方法で注意することは設問⑦が「△をつける」と指示されている点です。問題文は最後までしっかり聞き、指示された通りに解答しましょう。当校のお話の記憶は、内容を正確に記憶することの他に、設問④のように記憶した内容を元に推理するものや、設問⑤のように登場人物の気持ちや感じたことを問うものがあります。これは、記憶力だけでなく、知識や想像力も必要ということです。このような問題を、当てずっぽうではなく、きちんと根拠に基づいて解答できているか、保護者の方は確認してあげてください。なぜその解答を選んだのか尋ね、お子さまに理由を説明させる機会を設けてあげましょう。説明することに慣れるためには、学習時間以外の時間も、保護者の方がお子さまにいろいろな質問を投げかける方法が有効です。お子さまの言動に対して「なぜそうしたの？」と聞き、お子さまが「○○だから××です」という形で答える機会をたくさん用意してあげましょう。

【おすすめ問題集】

１話５分の読み聞かせお話集①・②、お話の記憶問題集 初級編・中級編
Ｊｒ・ウォッチャー19「お話の記憶」、20「見る記憶・聴く記憶」

問題24　分野：記憶（お話の記憶）

〈準 備〉　鉛筆

〈問 題〉　お話を聞いて、後の質問に答えてください。

クマくんの家には、お父さん、お母さん、おじいさん、おばあさん、赤ん坊の妹が住んでいます。妹は去年の５月に生まれて、まだ１歳になったばかりです。妹はまだ小さくて上手に歩くことができませんが、クマくんが歌を歌うと真似をして歌います。ゾウさんの鼻のように手をぶらぶらさせると、妹も真似をして手をぶらぶらさせます。とてもかわいい妹です。妹が元気で早く大きくなるように、クマくんは苦手なものも我慢をして食べ、ご飯もたくさん食べるところを見せています。クマくんの苦手なものはトマトです。妹が大きくなったら、公園のジャングルジムや滑り台で一緒に遊ぼうと楽しみにしています。そのためにも、よいお手本を見せて苦手なものも頑張って食べています。お母さんはいつもクマくんを褒めてくれます。まもなく幼稚園の運動会です。玉入れや、大玉転がし、かけっこ、お遊戯とたくさんの種目に参加します。その中でもクマくんがとても頑張っていることがあります。クマくんはリレーの選手です。１等を目指して、毎日お父さんに教えてもらいながら、走る練習をしています。「だいぶ速く走れるようになってきたね」とお父さんが褒めてくれます。今日も白いティーシャツが汗でびっしょりです。時々おばあさんとおじいさんに連れられて、妹が練習を見に来てくれます。家族みんなで応援に来てくれるので、クマくんは毎日頑張っています。かっこいいところを妹に見せたいからです。

（問題24－１と24－２の絵を渡す）

①妹の生まれた季節と同じ季節の物に○をつけてください。
②クマくんが、妹が大きくなったら一緒に遊びたいと思っているものに○をつけてください。
③クマくんの家族は何人家族ですか。その数だけ○を書いてください。
④クマくんの苦手な食べ物は何ですか。その絵に○をつけてください。
⑤クマくんが今１番頑張っていることは何ですか。その絵に○をつけてください。
⑥クマくんが出ない種目は何でしょうか。その絵に○をつけてください。
⑦クマくんは誰に教えてもらいながら練習をしていますか。その絵に△をつけてください。
⑧クマくんが練習で着ていたのはどれでしょうか。その絵に○をつけてください。

〈時 間〉　各15秒

〈解 答〉　①右から2番目　②ジャングルジム、滑り台　③○：６　④真ん中　⑤真ん中
⑥左から2番目　⑦右から2番目　⑧左から2番目

［2022年度出題］

アドバイス

お話の難易度は高いものではなく、設問も内容を記憶できれば答えられるものです。日頃の読み聞かせを通して、記憶する練習をしておきましょう。ただし、当校は例年、適性検査Ａを口頭試問形式で実施しています。2022年度はコロナ禍ということもあり、ペーパーテスト形式でしたが、2023年度からは口頭試問形式に戻りました。解答の正誤だけでなく、言葉遣いや態度も観られています。口頭で解答する時は「〇〇です」「△△だと思います」など、最後まで話すようにしてください。また、返事をするときは背筋を伸ばし、相手の目を見てハッキリと話すことも大切です。解答の正誤を求めるだけでなく、こうした正しい話し方も身に付けておきましょう。お子さまの言葉遣いや態度が間違っているようであれば、その都度直すようにしてください。同時に、保護者の方の普段の言葉遣いも振り返り、お子さまのお手本になるような会話を心がけてください。お子さまが話し方を身に付けているかどうかを確かめるには、読み聞かせが終わった後にお話に関する質問をして、そのときの話し方をチェックするのがよいでしょう。

【おすすめ問題集】
1話5分の読み聞かせお話集①・②、お話の記憶問題集 初級編・中級編
Ｊｒ・ウォッチャー19「お話の記憶」、20「見る記憶・聴く記憶」

問題25　分野：記憶（見る記憶）

〈準備〉　鉛筆

〈問題〉　（問題25-１の絵を見せる）
この絵をよく見て覚えてください。
（20秒後、問題25-１の絵を伏せ、問題25-２の絵を渡す）
①上の絵を見てください。今見た絵の中になかったものは何でしょうか。その絵に○をつけてください。
②下の絵を見てください。今見た絵で１番後ろに書いてあったものに△をつけてください。

〈時間〉　各15秒

〈解答〉　①メロン　②スイカ

[2022年度出題]

アドバイス

イラストに描かれたものの数は少ないですが、それらを20秒で覚えなくてはいけないため、十分な記憶力と観察力が必要になります。これらの力は、一朝一夕に身に付くものではなく、繰り返し学習することで少しずつ伸びていきます。本問は、５つの果物が並んだシンプルな問題ですが、問題によっては、何があるかを把握するだけでなく、絵の大きさや数の違い、向きなど、細部まで観察しなければいけないものもあります。こうした記憶分野の問題は、集中力が大きく影響します。ですから、集中力を損なうようなプレッシャーはかけずに、平常心で問題に取り組めるようにしてください。もし、お子さまが苦手意識を持たれているようでしたら、記憶する絵が少ないシンプルな問題から取り組んだり、絵を見る時間を長めに設定することなどをおすすめいたします。また、得意分野の学習に切り替えるなど、気分転換をしながら臨みましょう。慣れてきたら、複雑な絵に挑戦したり、記憶時間を短くして取り組んでみましょう。

【おすすめ問題集】
Ｊｒ・ウォッチャー20「見る記憶・聴く記憶」

問題26　分野：記憶（見る記憶）

〈準備〉　鉛筆

〈問題〉　（問題26-１の絵を見せる）
この絵をよく見て覚えてください。
（20秒後、問題26-１の絵を伏せ、問題26-２の絵を渡す）
今見た絵とそっくりそのまま同じように書いてください。

〈時間〉　30秒

〈解答〉　省略

[2022年度出題]

アドバイス

すべて記憶することが難しければ最初は1つずつやってみたり、記憶時間を長く設定して取り組んでみましょう。また、解答が記入式ですから、採点者が判断に困るような雑な解答の書き方をしてはいけません。保護者の方は、お子さまの書く記号にまで気を配るようにしてください。記憶力は、練習を重ねることによって少しずつ身に付いていきます。記号を覚えることが苦手なお子さまは、動物の顔や果物などのイラストを覚える問題から始めてみるのはいかがでしょう。イラストだと意外と記憶しやすいという発見があるかもしれません。お子さまの得意な形式の問題から始めて、慣れてきたら、記号を使った問題や、覚える量が多い問題に挑戦してみましょう。工夫して、徐々に問題の難易度を上げていきましょう。

【おすすめ問題集】

Ｊｒ・ウォッチャー20「見る記憶・聴く記憶」

問題27　分野：数量（数える、比較）

〈準備〉　鉛筆

〈問題〉　①左上を見てください。丸い線が１番多いものに○をつけてください。
②左下を見てください。曲がり角が１番多いものに○をつけてください。
③④数が同じもの全部に○をつけてください。

〈時間〉　各30秒

〈解答〉　①真ん中　②真ん中　③左上と右下（ともに９個ずつ）
④右上と右下（ともに７個ずつ）

［2022年度出題］

アドバイス

本問の解き方を細かく分けると「それぞれ数を数える」「比較し、正解を見つける」という作業に分けることができます。この２つの作業で、最初の「数を数える」の作業で最もミスが発生しやすくなります。原因としては、「重複して数える」「数え忘れ」が挙げられます。これらのミスを防ぐ方法は２つあります。１つは数える順番（方向）を一定にすること。もう１つは数えたものに小さなチェックを入れることです。できれば、この２つの方法を併用すると、重複して数えることや数え忘れは減ります。ただし、後者の方法では、注意点があります。後者の場合、チェックした印を大きくつけてしまうと、解答記号を間違えたと判断される可能性があります。ですから、チェックは小さく端につけるようにしましょう。保護者の方がこのようなことにも意識を向けることで、お子さまの正答率は上がります。また、設問②の曲がり角の意味は分かっていましたか。誤答だった場合は、「曲がり角」言葉の意味が不明だったのか、単に数え違いだったのか突き止めておきましょう。

【おすすめ問題集】

Ｊｒ・ウォッチャー4「数える」、15「比較」、37「選んで数える」

問題28　分野：言語（いろいろな言葉）

〈準備〉　鉛筆

〈問題〉　①絵を見てください。ここに描いてある物の名前で初めの音が同じものに○をつけてください。
②絵を見てください。ここに描いてある物の名前で終わりの音が同じものに○をつけてください。
③絵を見てください。ここに描いてある物の名前で名前の中に「くぎ」のように濁った音が入っているものに○をつけてください。
④絵を見てください。ここに描いてある物の名前で名前の中に「ラッパ」のように詰まった音が入っているものに○をつけてください。

〈時間〉　各15秒

〈解答〉　①くし、くつ、クワガタ、クマ　②タヌキ、ツキ、カキ、キツツキ
③トンボ、タンバリン、スズメ、ネズミ　④スリッパ、キッテ、ラッコ、ヨット

［2022年度出題］

アドバイス

言語の課題は、語彙数の多少によって解答時間や正答率に差が出てきます。日頃の会話、読み聞かせ、言葉遊びなどを通して、言葉の音やリズムに親しんでおくことが有効です。言語感覚は、発音して耳と口を使うことで養われます。言葉遊びには、はじまりの音（頭音）が同じ言葉を探す「頭音集め」や終わりの音（尾音）が同じ言葉を探す「尾音集め」、「しりとり」などがあり、また、撥音、濁音、半濁音、拗音、促音、長音などの言葉を意識して探すのも有効です。工夫次第でいろいろな遊びに発展させることもできますので、お散歩をしながら、おやつを食べながらなど、机の上の学習以外の時間を積極的に活用して、楽しみながら取り組んでください。

【おすすめ問題集】
Ｊｒ・ウォッチャー17「言葉の音遊び」、18「いろいろな言葉」、
60「言葉の音（おん）」

問題29　分野：言語（しりとり）

〈準備〉　鉛筆

〈問題〉　①絵を見てください。ここに描いてある物の名前で名前の中に「スプーン」のように伸ばす音が入っているものに○をつけてください。
②しりとりをして繋いでいくには、下に描いてあるどの絵を入れればよいでしょうか。下の絵に書いてある記号を上の四角に書いてください。

〈時間〉　各30秒

〈解答〉　①シーソー、ホース、ボール、ボート
②ゴリラ△、月◎、ミノムシ○、カラス□

［2022年度出題］

アドバイス

言葉の音の種類には「クッキー」などのような「っ」と詰まる音が入っている促音、「キー」と伸ばす長音、「ニンジン」など「ん」と表記される撥音、「きょ・ちゃ」などのように２字で表される拗音、「リンゴ」の「ご」のように濁点がつく濁音、「ラッパ」の「ぱ」のように半濁点がつく半濁音など、決められた呼び名があります。言葉を学習するときは実際に発音して、１つひとつの音を確認しながら進めてください。１音ずつ手を叩いて「シ・ー・ソ・ー」「ヨ・ッ・ト」のように区切ってみると、音の区切りがわかりやすいでしょう。「ー」（長音）や「ン」（撥音）、小さい「ッ」（促音）は１音として数え、小さい「ャ」「ュ」「ョ」（拗音）は前の音と合わせて１音として数えます。

【おすすめ問題集】
Ｊｒ・ウォッチャー17「言葉の音遊び」、18「いろいろな言葉」、49「しりとり」、60「言葉の音（おん）」

問題30　分野：図形（重ね図形）

〈準備〉　鉛筆

〈問題〉　①左側の２枚の図を見てください。この２枚は透き通った紙に書いたものです。この紙を●と△がぴったり合うように重ねると、中の模様はどのようになるでしょうか。右側に書いてください。下も同じようにやってください。
②透き通った紙に書かれた左側の2枚の紙を、点線のところで折って重ねたとき、中の模様はどのようになるでしょうか。右側から探してそれぞれ○をつけてください。

〈時間〉　各30秒

〈解答〉　下図参照

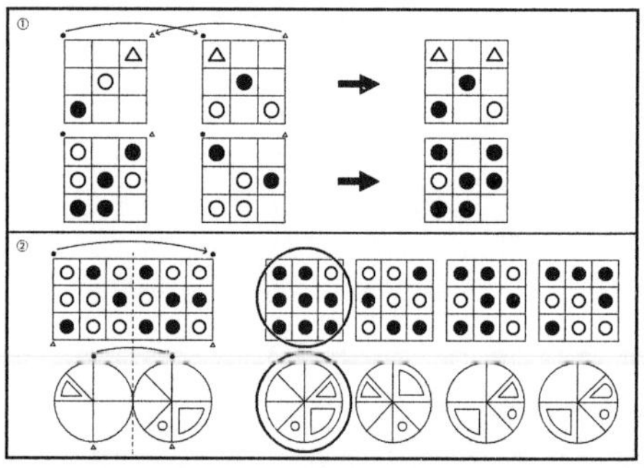

［2022年度出題］

アドバイス

同じ重ねる問題でも、①の２つはそのままスライドして重ねます。それぞれ位置を間違えずに、書き写していけばよいでしょう。このとき、白丸が黒丸と重なると黒丸になることに注意しましょう。透き通った紙に記号が書かれているため、色の濃い黒丸が白丸を隠すような見え方になります。②の２つは左側を反転させて重ねたときの中の模様を想定しなければなりません。点線より左側の形の位置が逆になります。このような問題は、実際に紙を使って作業してみると位置関係が理解しやすくなります。紙を使って観察しながら、重なる位置を落ち着いて考えてみましょう。このような問題に苦手意識を持たれているお子さまには、まず具体物を使って位置関係を把握させることから始めましょう。それが理解できたら、頭の中で図形をイメージする段階に移行します。

【おすすめ問題集】

Ｊｒ・ウォッチャー35「重ね図形」

問題31　分野：推理（位置の移動）

〈準　備〉　鉛筆

〈問　題〉　左側の四角の中の○や●が矢印の順番に移動していきます。右端にいったとき、中の丸はどのようになるでしょうか。右端の四角の中に書いてください。

〈時　間〉　１分

〈解　答〉　下図参照

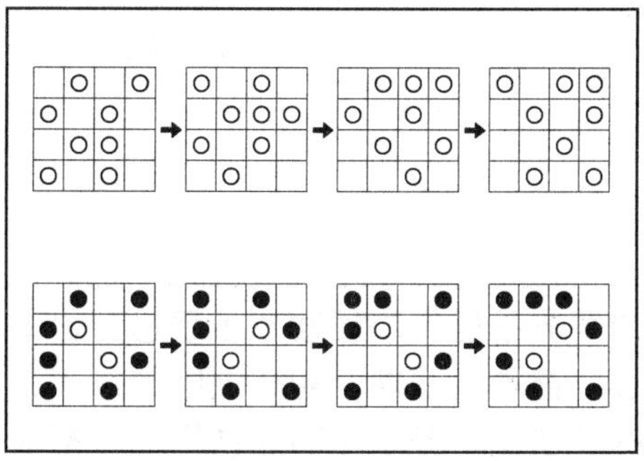

[2022年度出題]

アドバイス

上の問題は、１番左の列の１番下のマスから、１番右の列の１番下のマスに向かって、白丸がＭ字を書くように１マスずつ動いています。下の問題は、白丸が書かれている真ん中の４つのマスと、それを囲んでいる黒丸が書かれた周りのマスで分けて見てください。それぞれが１マスずつ時計回りに移動しています。落ち着いて考えると、このように、いろいろな法則に従って丸が移動していることがわかります。推理の問題では、「最初に法則を予想し、それが正しいか検証する」ということを繰り返して、正解を導きます。予想が間違っていたら、別の新しい予想をする必要があります。法則は必ずありますから、諦めずに取り組む姿勢が大切です。

【おすすめ問題集】
Ｊｒ・ウォッチャー31「推理思考」

問題32　分野：常識

〈準備〉　鉛筆

〈問題〉　①家の中の掃除をしようと思います。そのとき使う物に○をつけてください。
②避難訓練をします。実際に避難することを考えたときここに描いてある物のどれを持って避難しますか。○をつけてください。
③それぞれの中で関係のないものに○をつけてください。

〈時間〉　各20秒

〈解答〉　①バケツ、掃除機、雑巾　②懐中電灯、ペットボトル（飲料）、携帯電話
③左上－雑巾　右上－クレヨン　左下－ラッコ　右下－靴

［2022年度出題］

アドバイス

①の掃除道具がわからない場合は、観察力やお手伝いの経験が不足しているといえます。このような常識の知識は、生活体験を通して養われます。知識だけでなく、整理整頓の習慣も身に付きますから、保護者の方は、お子さまにお手伝いを積極的に経験させてあげてください。②では避難時の行動について問われています。これらの道具は、なぜ役に立つのか、どのように使うのかも、お子さまに質問してみましょう。お子さまが身の安全確保についてどの程度理解できているかがわかります。また、日頃から避難時は何を持ち出すか、どこへ避難するかを話し合って確認しておきましょう。③ではなぜ仲間でないのかその理由を尋ねてみてください。①と②についても理由を聞いてみてください。このような常識問題は、小学校入試では頻出分野になりつつあり、かつ、解答時間が短くなってきている傾向があります。その理由ですが、試験対策として覚えたことを問うのではなく、日常生活に結びつけてどうであるかを知るためです。考えて解答するものではないため、解答時間は短く設定されています。

【おすすめ問題集】
Ｊｒ・ウォッチャー12「日常生活」

問題33　分野：図形（点結び）

〈準 備〉　鉛筆

〈問 題〉　上に書いてある形と同じになるように点と点を結んで書いてください。

〈時 間〉　1分

〈解 答〉　省略

［2022年度出題］

アドバイス

毎年出題される点結びの問題ですから、しっかりと練習をしておいてください。思考し正解を導き出す問題ではなく、正確な作業をする問題のため、正解率は高くなります。正解率が高いということは、ミスが許されないということでもあります。このような運筆の問題では、濃くしっかりとした線を引く、結ぶ点を間違えないようにするということを意識して取り組むようにしましょう。また、書くときの姿勢や鉛筆の持ち方は、線のぶれなさや筆圧に関係してきます。保護者の方は、正しく模写できたかだけでなく、そのようなところまでチェックしてあげましょう。書き始めの位置、書いていく方向も決めておくことで、線の重複や書き忘れを防げるでしょう。

【おすすめ問題集】
Ｊｒ・ウォッチャー1「点・線図形」、2「座標」、51「運筆①」、52「運筆②」

問題34　分野：制作

〈準 備〉　モール、毛糸、アルミホイル、セロテープ、画用紙、色紙、紙コップ、チューブのり、ハサミ、ポンキーペンなど

〈問 題〉　**この問題の絵はありません。**
制作の前に読み聞かせがある。お話の後に質問があり、挙手して指名されたら答える。その後、お話に出てきたものを作るように指示される。

制作
・お面を作る。
・運動会で使うものを作る。
・宝物を作る。
・クワガタを作る。
・箱を作る。
・鳥を作る。
・塗り絵をする。

〈時 間〉　適宜

〈解 答〉　省略

［2022年度出題］

アドバイス

読み聞かせのお話は、後の質問や、制作にも関わってくるため、最後まで集中して聴きましょう。質問では、挙手をしないと答える機会がありません。間違えたからといってマイナスにはなりませんから、コミュニケーションの場に積極的に参加する姿勢を意識しましょう。制作では、材料がたくさん用意されているため、どれをどのように使えばよいか戸惑うでしょう。制作に慣れておくためにも、普段から「○○を作ってみよう」と課題を与え、創作力を鍛えたり、道具の使い方を学んでおくことをおすすめいたします。制作の課題は、お子さまの技術力を観ているのではなく、発想力や指示に従って行動できているか、道具が適切に使えているか、片付けができているかなどを評価されています。制作ひとつとっても、お子さまの普段の生活体験がうかがえます。人の話を聞くときの態度、集中して作業をするときの姿勢、コミュニケーション力、道具の扱い方、整理整頓などは、その場で急にできるものではなく、日頃の積み重ねが大切です。

【おすすめ問題集】
実践　ゆびさきトレーニング①・②・③、Ｊｒ・ウォッチャー23「切る・貼る・塗る」

問題35　分野：行動観察

〈準備〉　ろくぼく、フープ、平均台、跳び箱、縄跳び、ボールなど

〈問題〉　**この問題の絵はありません。**
自由遊び：「体育館にあるものを使用して自由に遊ぶこと」「使ったものは元のところに戻すこと」「静かに遊ぶこと」などの指示がある。
課題遊び：・教室の移動の際、さまざまな指示がありその内容によって行動しながら移動する。
・曲が流れ、歌に合わせてリズムを取りながら手足を動かす。
・先生がとったポーズを真似する。

〈時間〉　適宜

〈解答〉　省略

［2022年度出題］

アドバイス

さまざまな遊び道具が用意されており、お子さまの性格や、気力、体力が観察されます。自由遊びでは、指示されたことを守って遊びましょう。また、他のお友だちの邪魔や迷惑になるようなことをしないよう意識してください。自分が遊んでいる道具で遊びたそうにしているお友だちがいたら、気持ちよく変わってあげられるようにしましょう。反対に、遊びたい道具があったら、変わって欲しいという気持ちを丁寧に伝えられるようにしましょう。そして、使った道具は必ず元の場所に戻します。整理整頓や、道具を大切に扱うことはご家庭でしっかりと指導をしてあげてください。課題遊びも同様に、指示通りに取り組みましょう。自由遊びとは異なり、全員が同じ動作をするため、１人が違った動きをしていると目立ちます。試験時間は長くなりますが、集中力の持続を保てる工夫が大切になります。

【おすすめ問題集】
Ｊｒ．ウォッチャー29「行動観察」

問題36　分野：運動

〈準 備〉　フープ、空のペットボトル、コーン、平均台、跳び箱、マット、ろくぼく、ボール

〈問 題〉　**この問題の絵はありません。**
・膝の屈伸運動、腕によるフープ回し、フープを中心にして左右前後に跳ぶ。
・クマ歩き、クモ歩き、ギャロップをしてコーンを回る。
・バトンの代わりにペットボトルを持ちリレーをする。
・ケンケンパ、ジャンプ片足バランス、連続行動（平均台、跳び箱、マット、ろくぼく、ボール）

〈時 間〉　適宜

〈解 答〉　省略

［2022年度出題］

アドバイス

当校の適性検査Ｂでは、運動、行動観察、制作などを行うため、全体で約３時間という長丁場の試験になります。そのため、体力がなければ集中力が欠けていきます。机の上の学習だけでなく、普段から身体的・精神的健康管理にも気を配り、体力・気力作りをしましょう。健康管理とは、バランスのよい食事、睡眠、運動を心がけることです。当校の運動の試験では、走ること、バランスをとること、ボールを投げることなどを中心に行なわれます。難しい運動はなく、基本的な運動能力や体力の有無が観られています。ですから、普段から、外に出て走ったり、キャッチボールなどをし、それぞれの運動に合った身体の使い方に慣れておくとよいでしょう。また、当然のことながら、試験中の態度や姿勢も評価の対象になります。上手くできない課題があっても落ち込まず、気持ちを切り替えて次の課題に臨みましょう。

【おすすめ問題集】

Ｊｒ．ウォッチャー28「運動」

問題37　分野：面接（保護者面接）

〈準備〉　なし

〈問題〉　この問題の絵はありません。

【父親へ】
・自己紹介
・出身校、仕事の内容
・志望理由
・キリスト教についての考え
・上の兄弟姉妹と通う学校の違いについて（兄弟姉妹がいて通学校が異なる場合）
・本校のＨＰやＷｅｂ説明会の印象
・本校で学んでほしいこと
・本校で学んだこと（本校出身者の場合）
・子供の送迎について
・兄弟の仲
・子どもが頑張ってできたこと

【母親へ】
・自己紹介
・出身校（本校出身者の場合、それに関するさまざまな質問がある）
・志望理由
・教会に通う理由と頻度
・子どもの好きな本
・子どもが熱中していること
・家庭教育について
・幼稚園での様子
・子どもの送迎について
・家族とのコミュニケーションについて

【面接資料について】
・本校の教育の様子をどのような形で知ったか
・本校の教育のどのようなところを評価して選んだのか
・どのようなころに気を付けて子育てをしているか
・今の子どもの様子をどのように観ているか

〈時間〉　10分前後

〈解答〉　省略

［2022年度出題］

アドバイス

保護者面接は、原則両親揃っての参加が必須です。事前に提出した面接資料を元に質問がなされます。質問内容は主に、ご家庭の教育方針、子育て、お子さまについてなどです。普段の過ごし方が重要になりますから、面接までにしっかりと振り返り、整理しておきましょう。また、学校の教育方針に関する質問もあります。特に、当校はキリスト教信仰に基づいた教育を実施しています。キリスト教に馴染みのないご家庭の場合は、普段から教会に礼拝に行くなどして、少しずつキリスト教の理解を深め、宗教に対する考え方を整理しておきましょう。また、学校から公開されている情報はしっかりと把握しておきましょう。ホームページに掲載されている情報にはきちんと目を通しましょう。学校説明会には積極的に参加することが望ましいです。事前に提出する面接資料の質問項目には、学校説明会に関するものがあるそうです。「当校で子どもを学ばせたい」という熱量を伝えられるよう、準備は入念に行ってください。

【おすすめ問題集】

新小学校受験の入試面接Q＆A、家庭で行う面接テスト問題集、
保護者のための面接最強マニュアル

問題 1

①

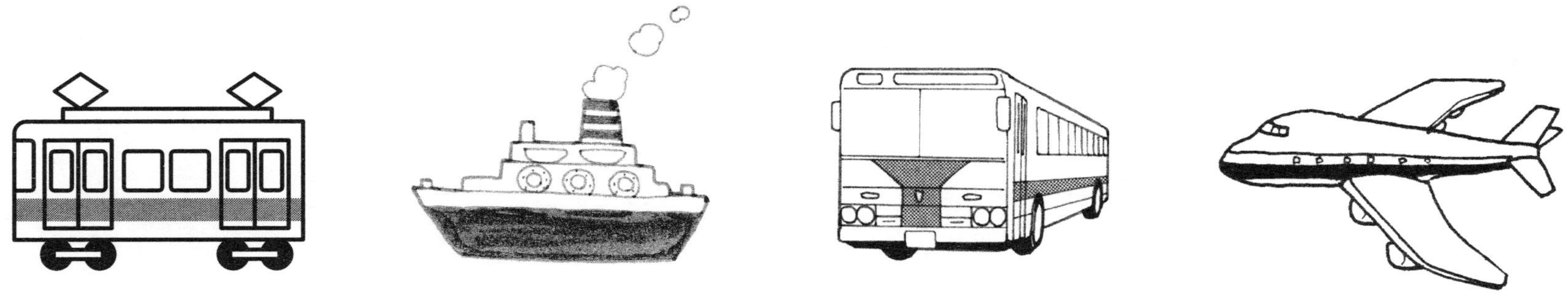

②

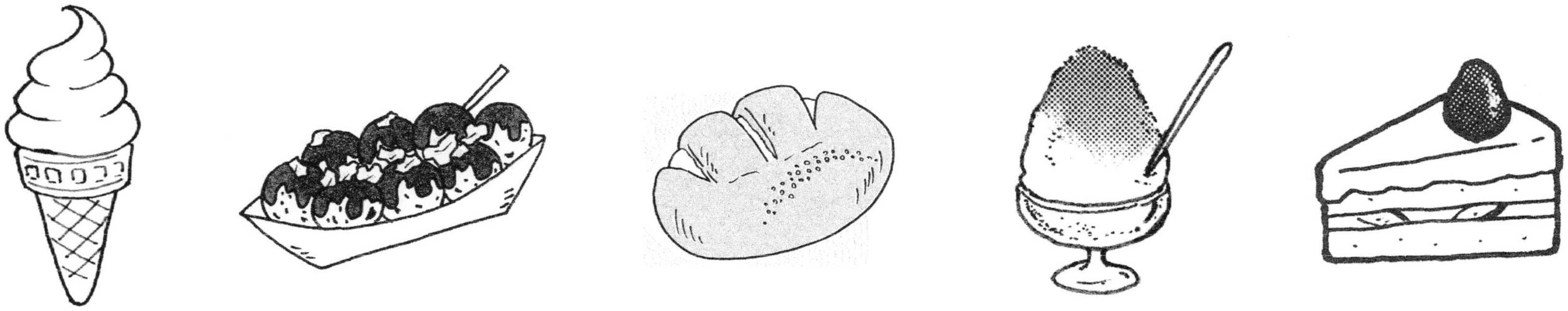

③

問題 2

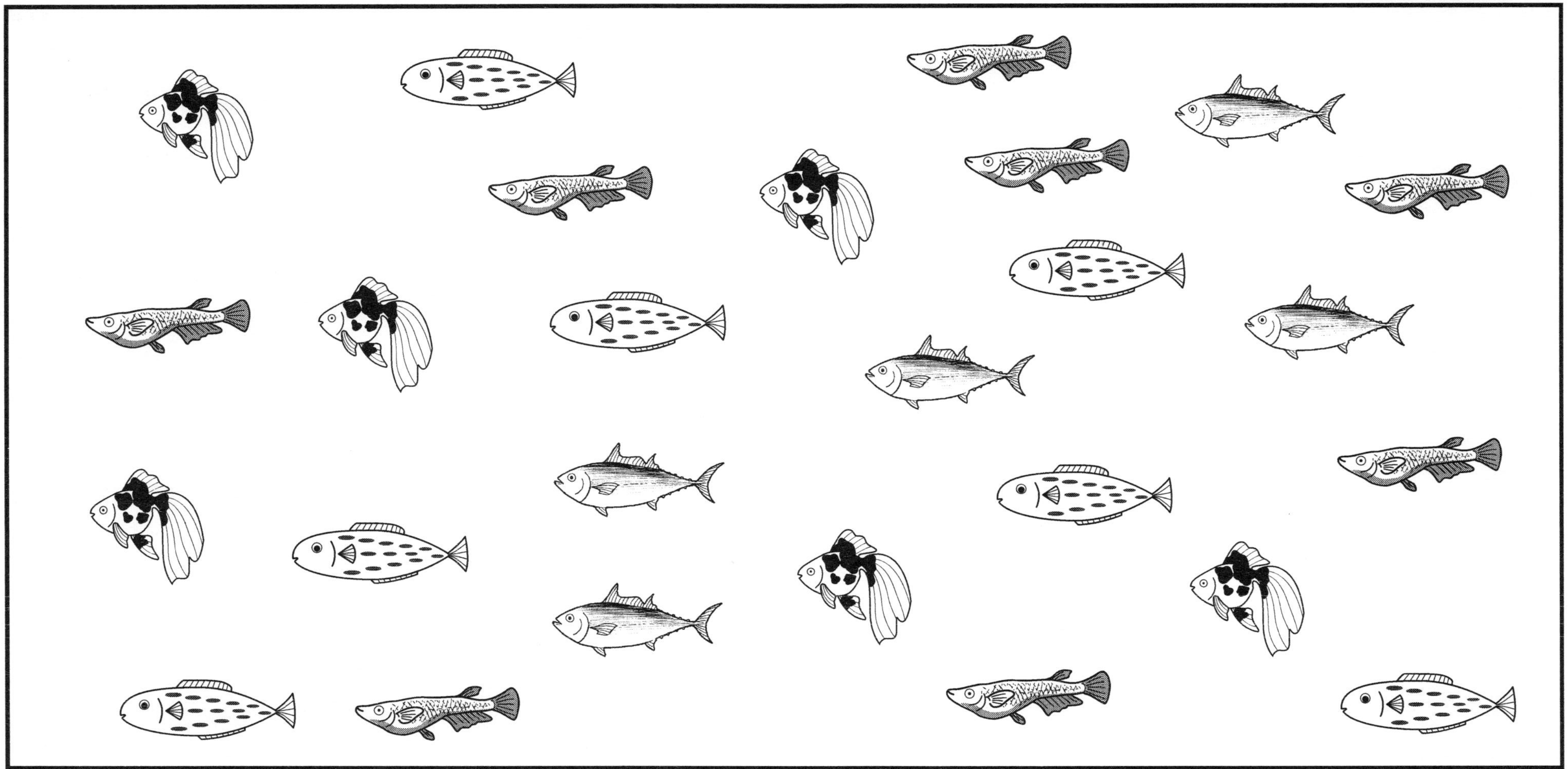

① 		③ 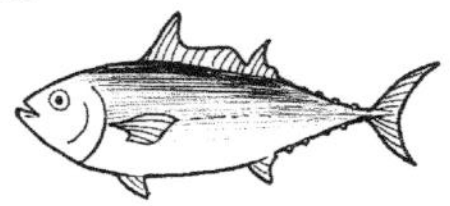	
② 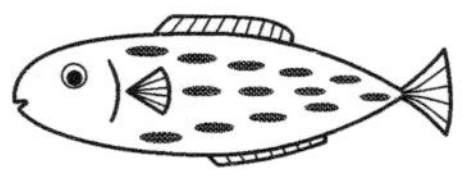		④ 	

問題3

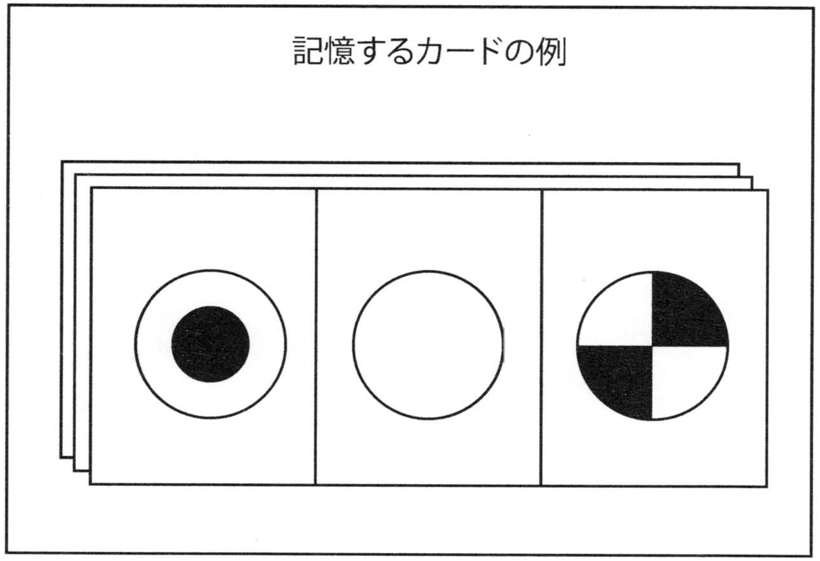
記憶するカードの例

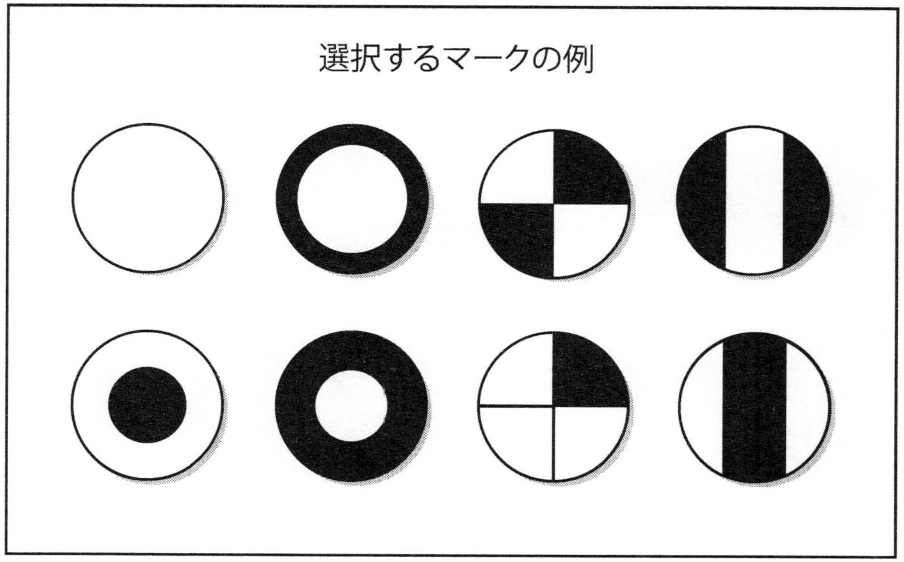
選択するマークの例

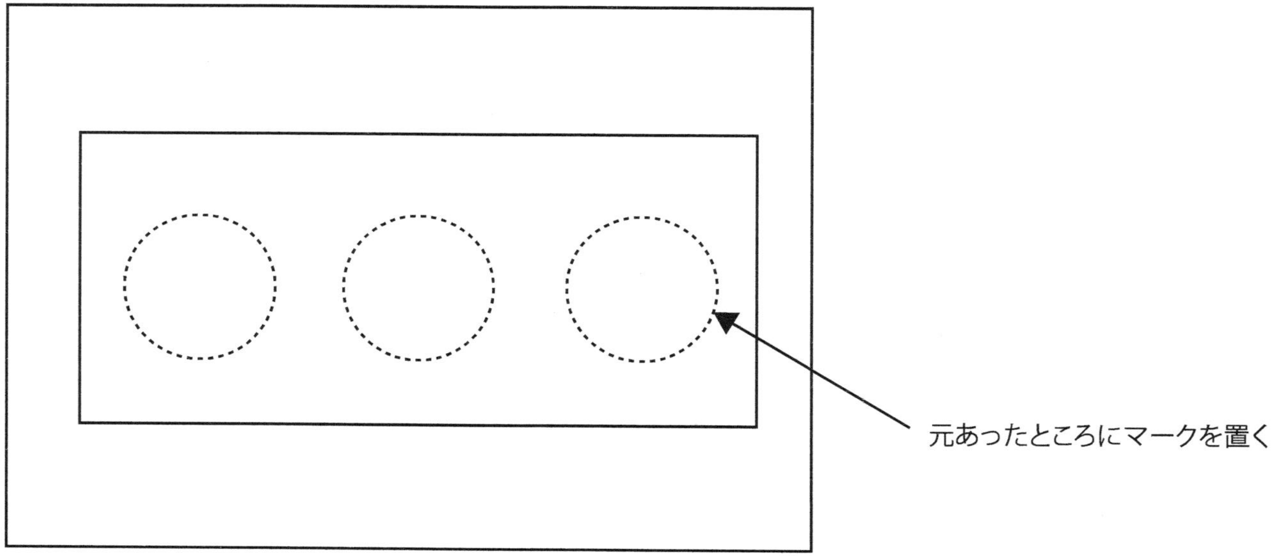
元あったところにマークを置く

問題4

問題5

問題 7

問題 8

①平均台まで走る。

②平均台を歩いて渡る。

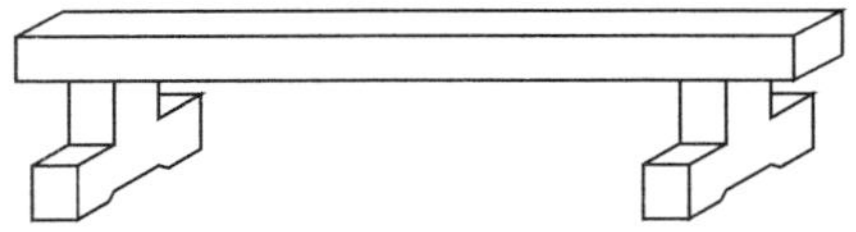

③クマ歩きでコーンまで行き、
コーンから跳び箱までは歩く。

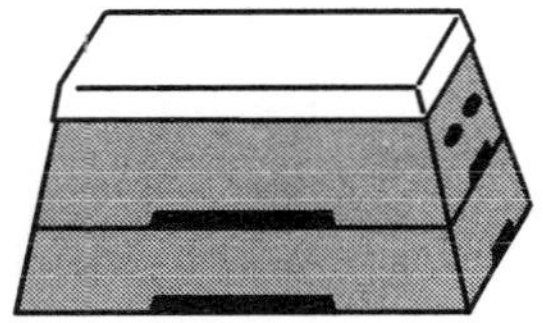

④跳び箱の上に上り、
反対側に降りて先に進む。

⑤肋木をできるところまで登る。

⑥走ってゴールへ向かう。

問題 9

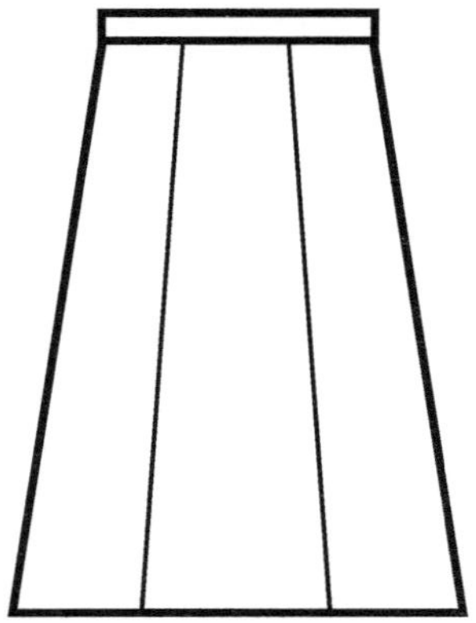

あらかじめ側面に
６等分になるような線を引く。

紙コップを切り開いて
花びらにする。

ストローを
セロハンテープでつける。

ストローを持って回して遊ぶ。

問題１１

①

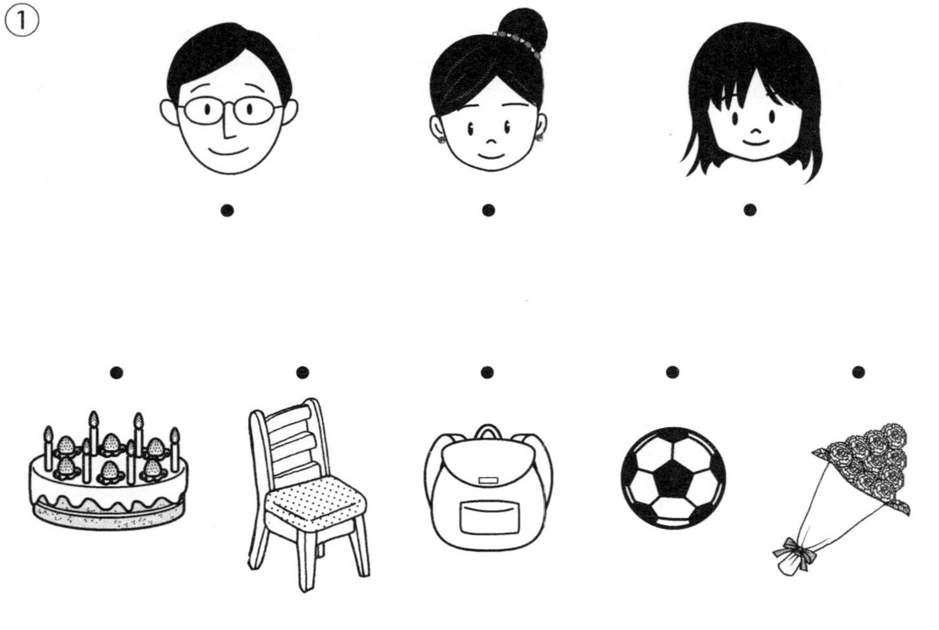

②

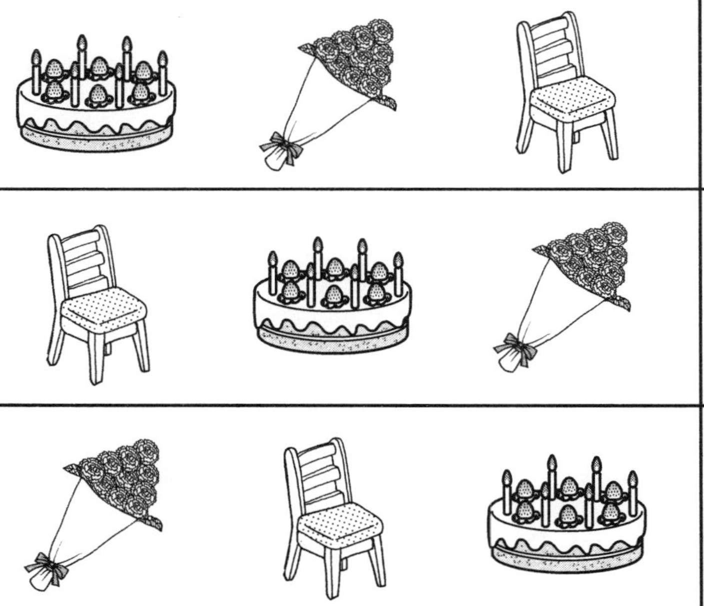

③

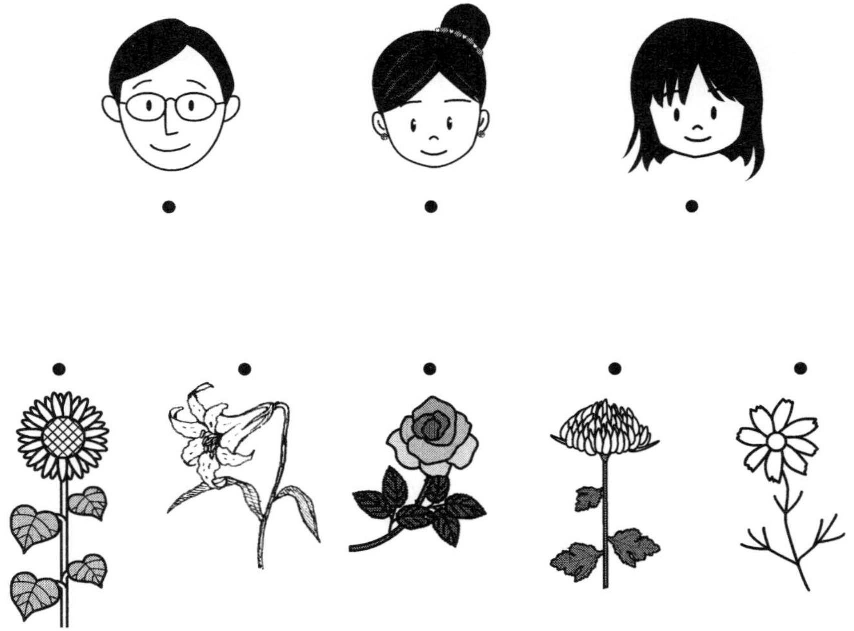

④

⑤

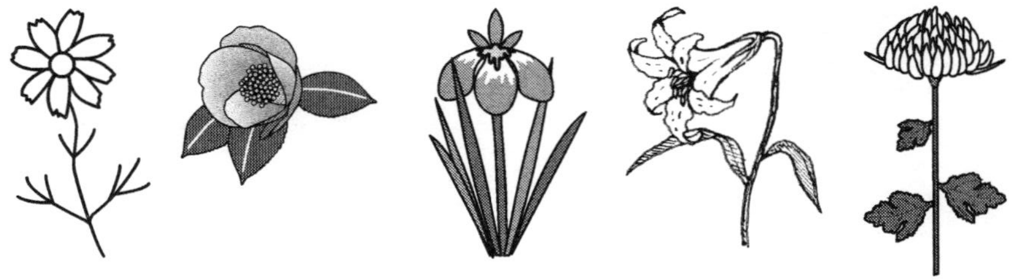

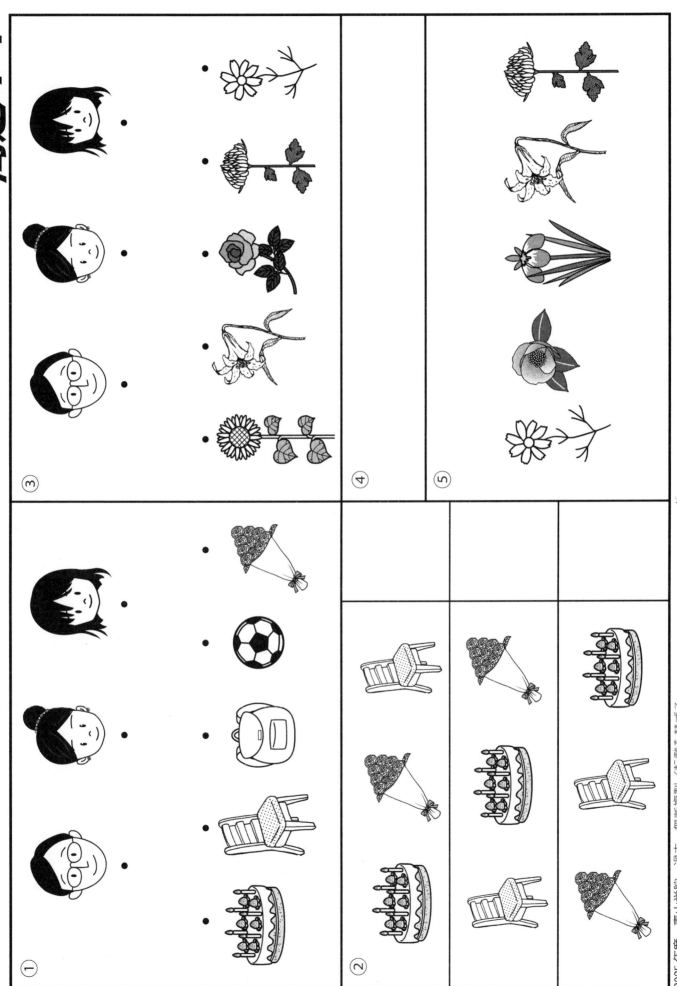

問題１２

①

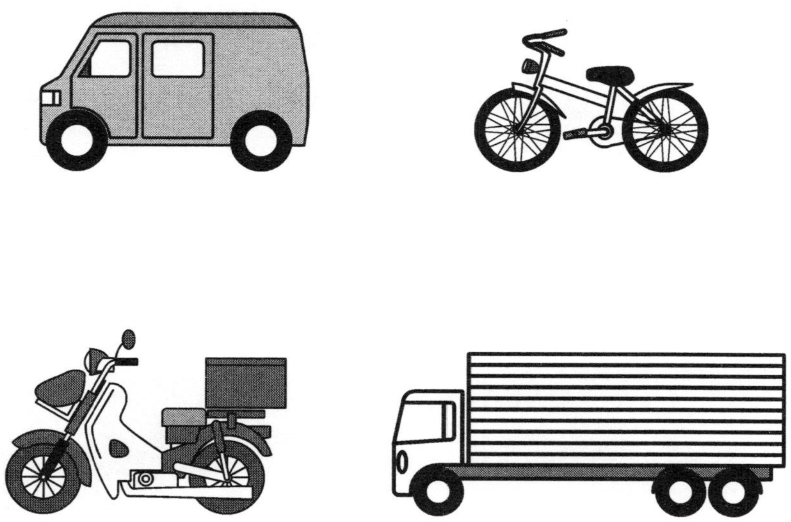

③

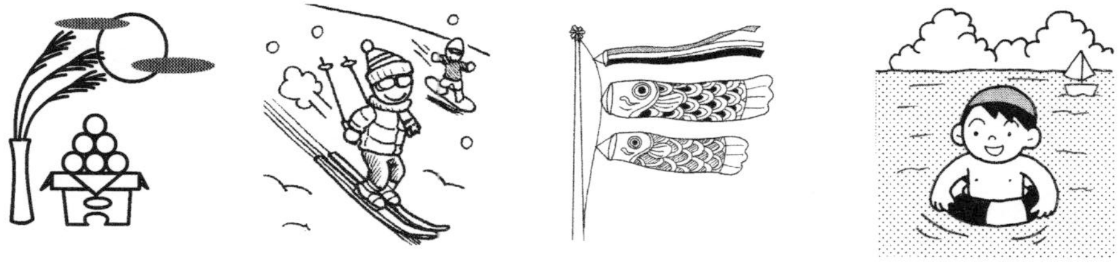

④

②

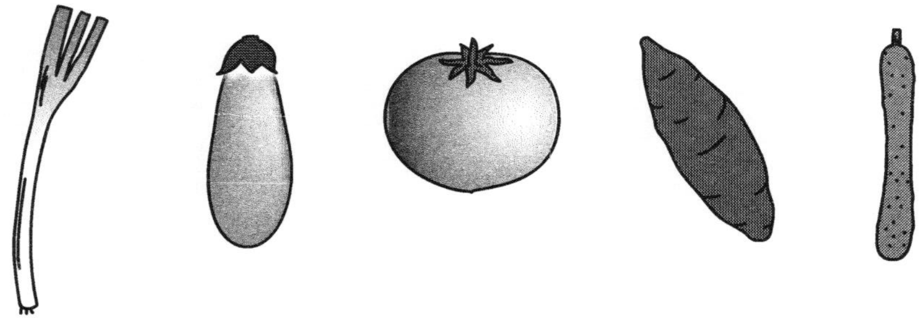

⑤

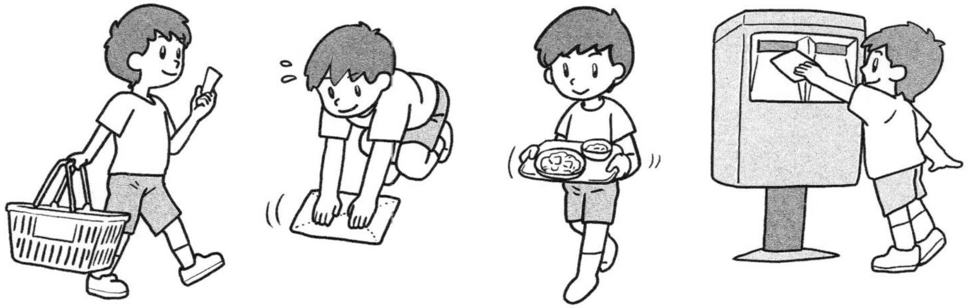

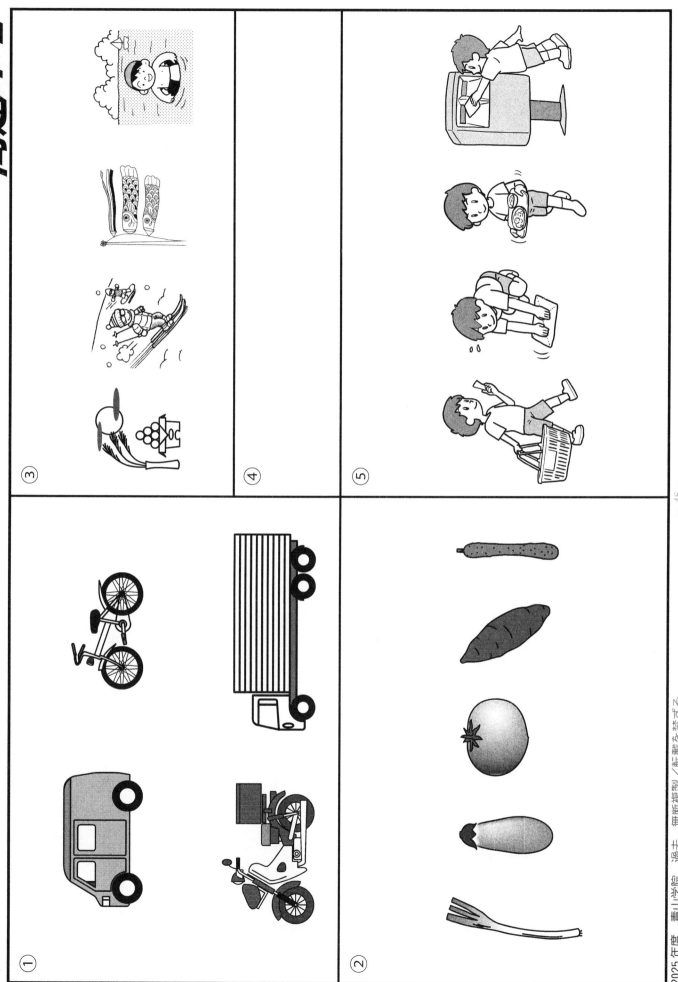

問題１３

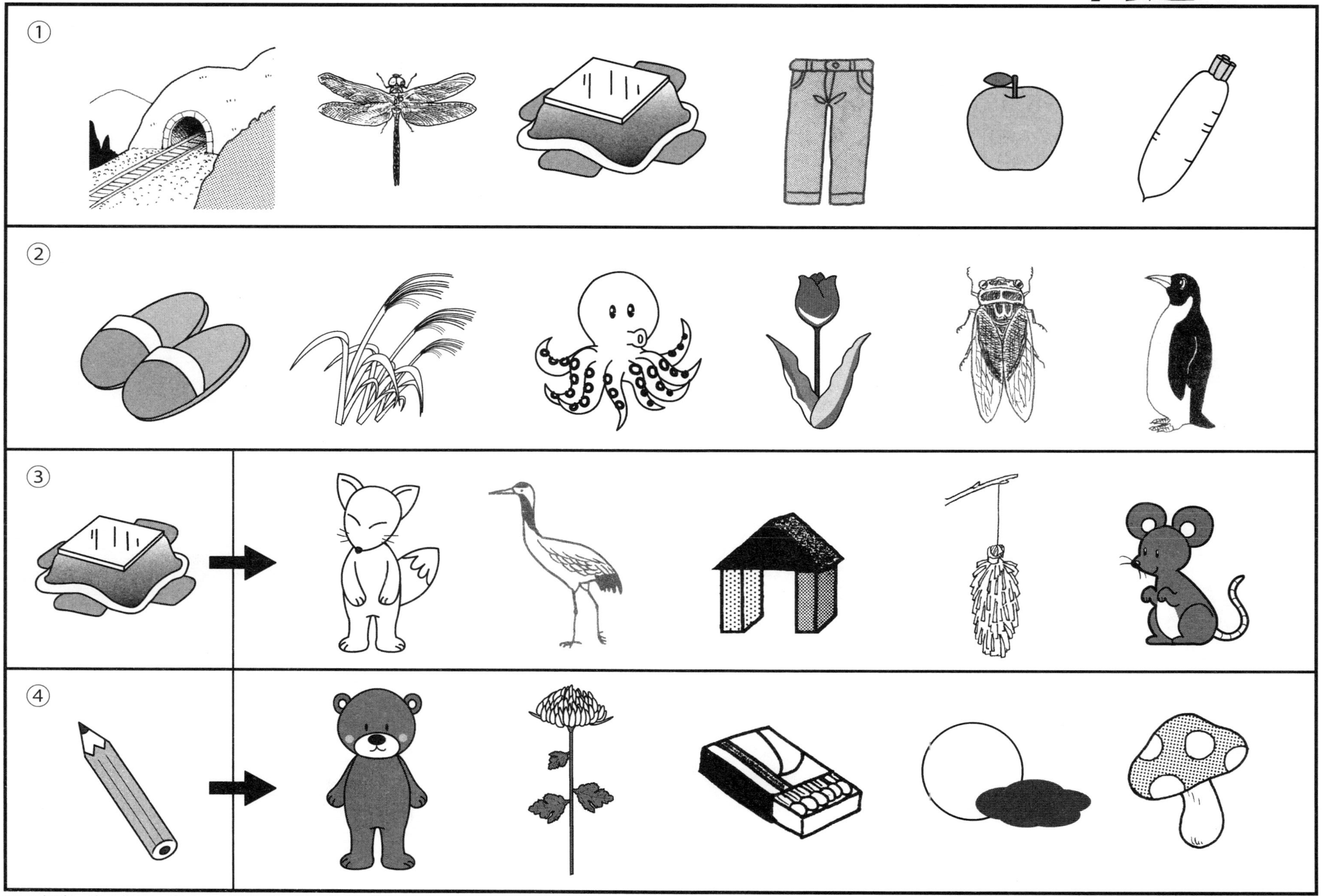

問題１４

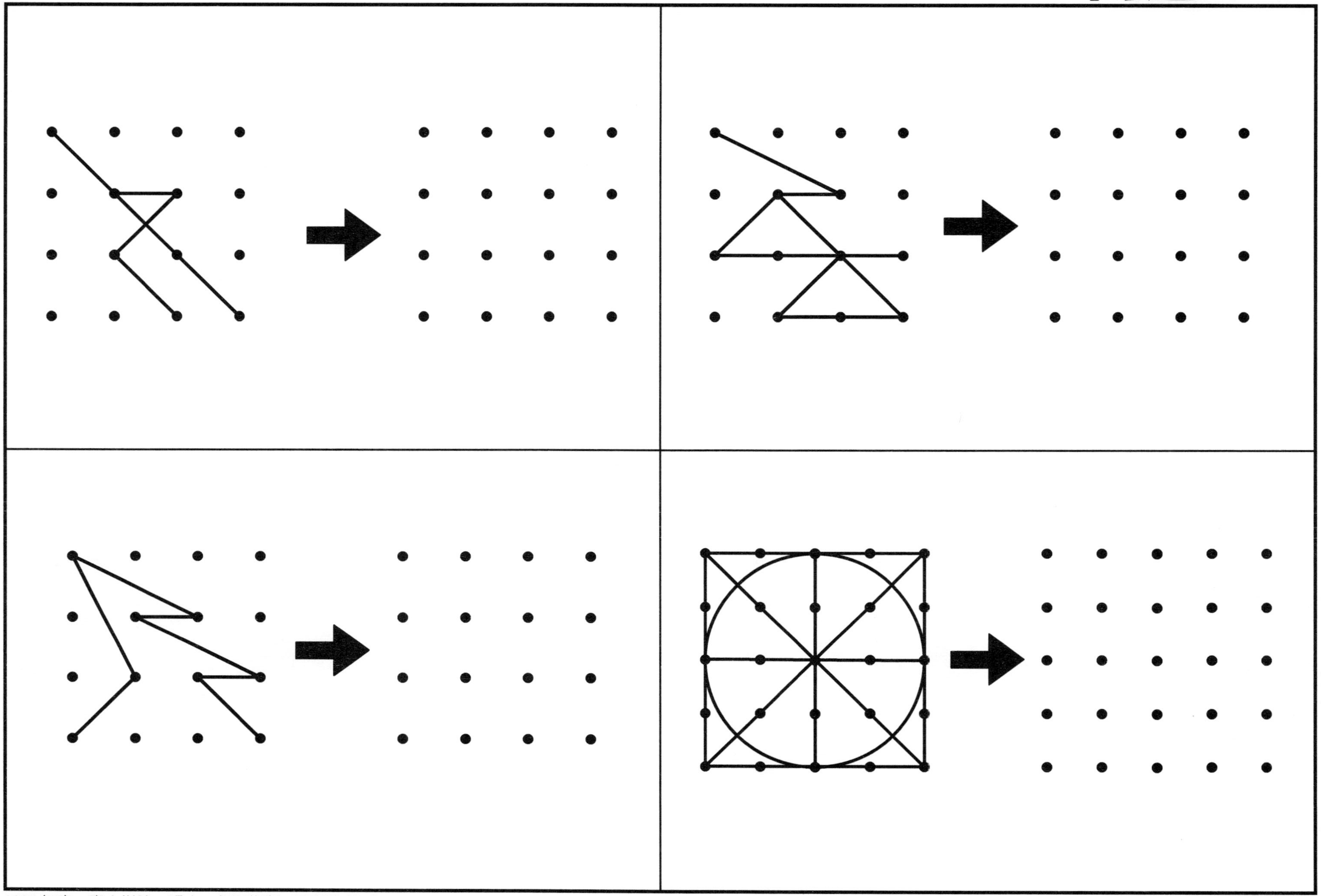

問題１５

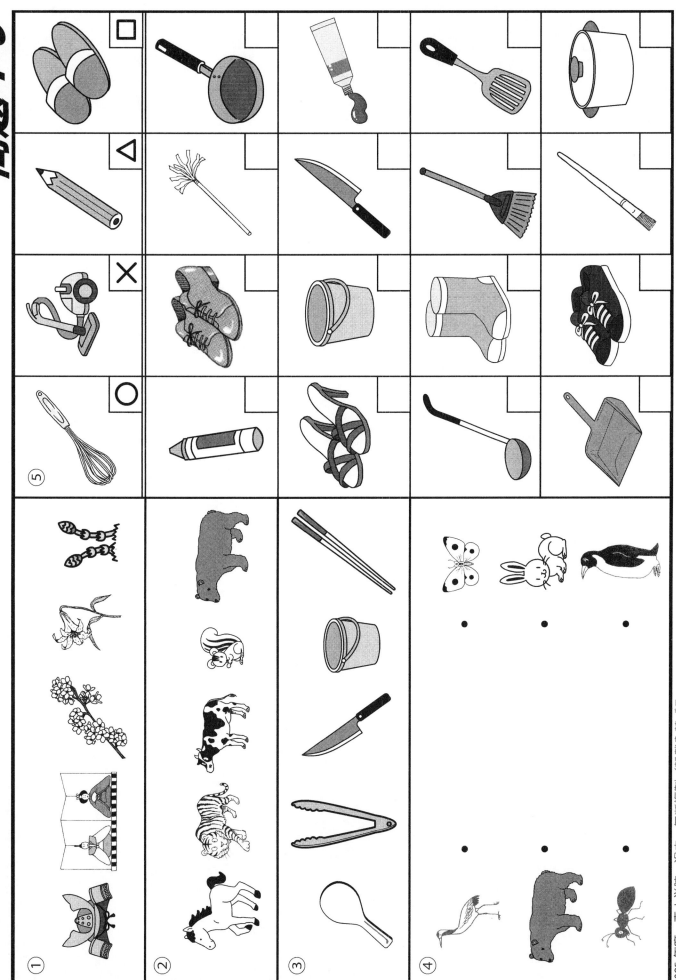

①

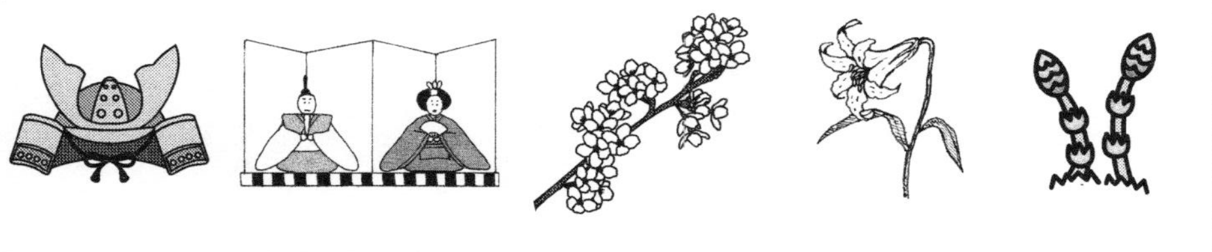

②

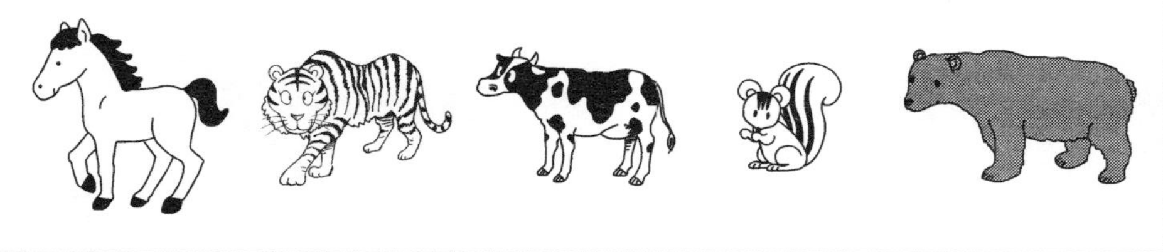

③

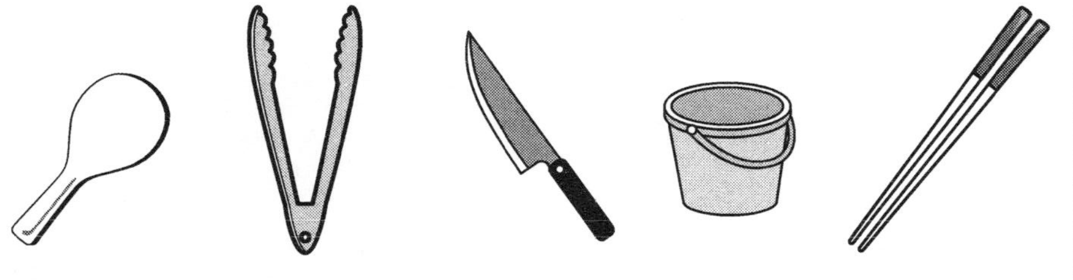

④

⑤

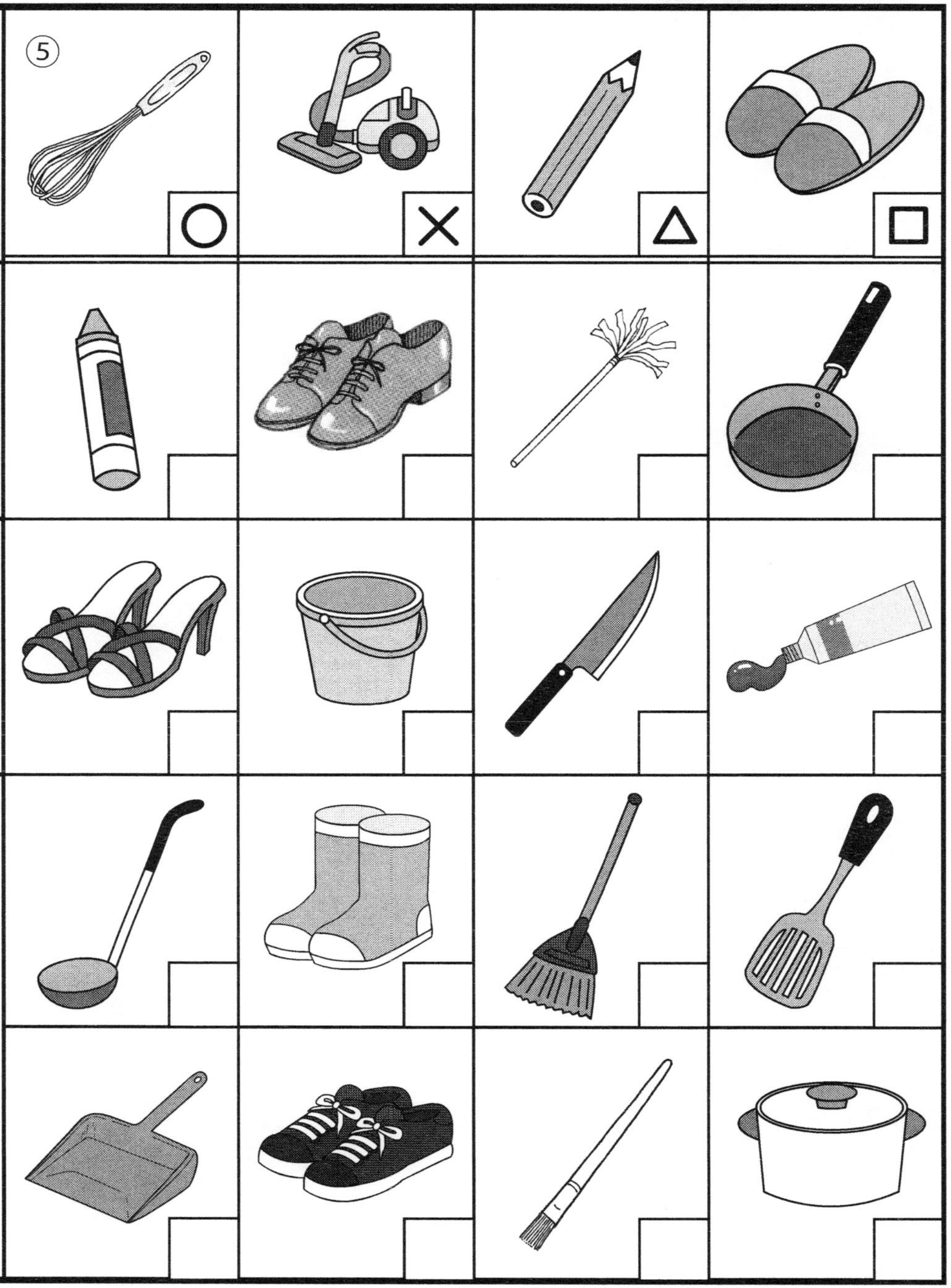

問題16

①

②

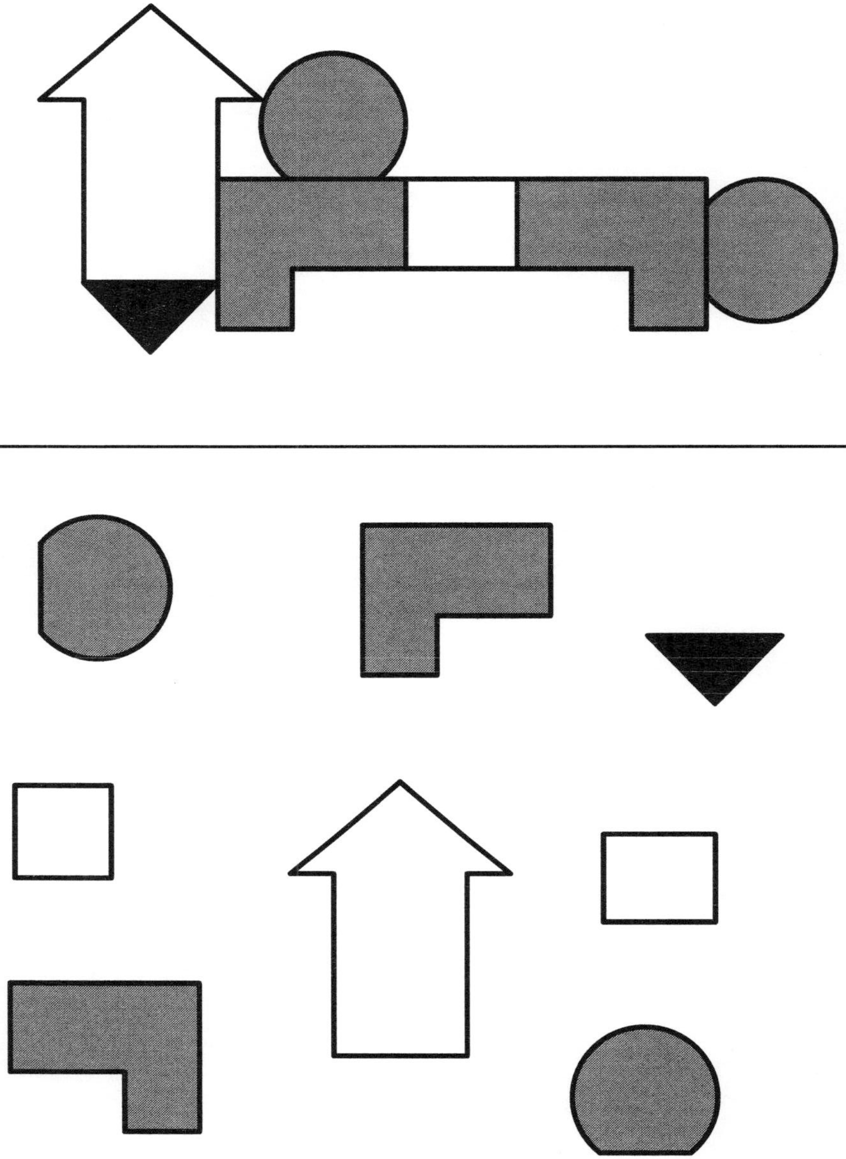

問題１７－1

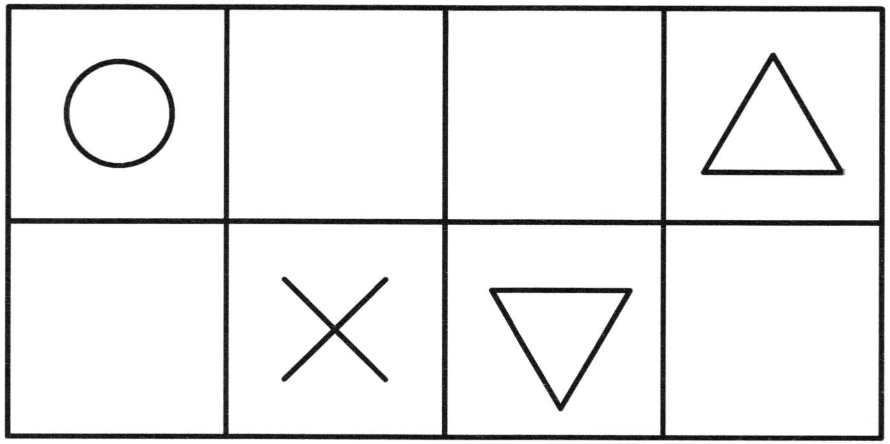

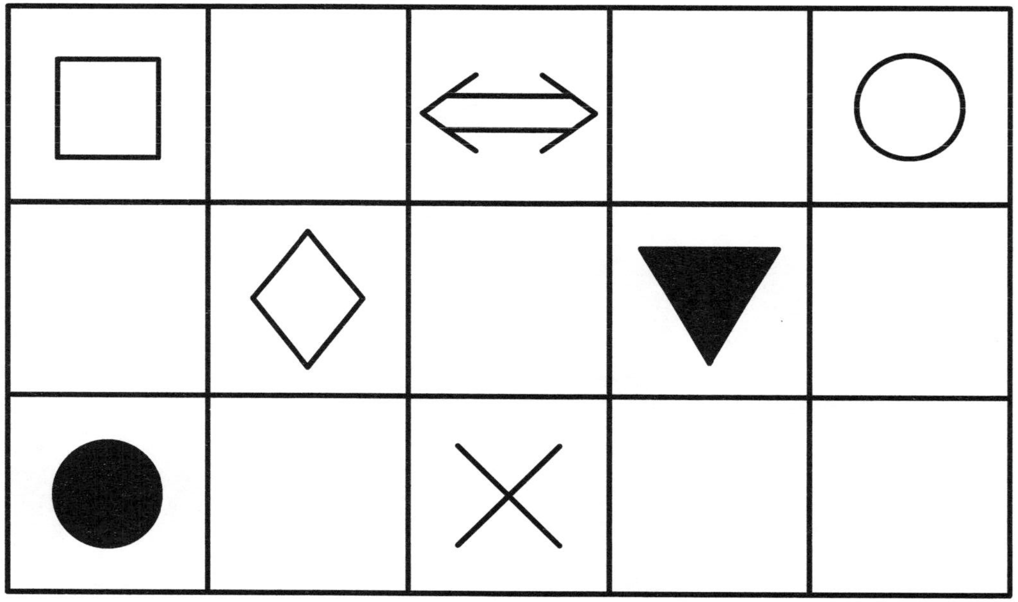

問題１７－２

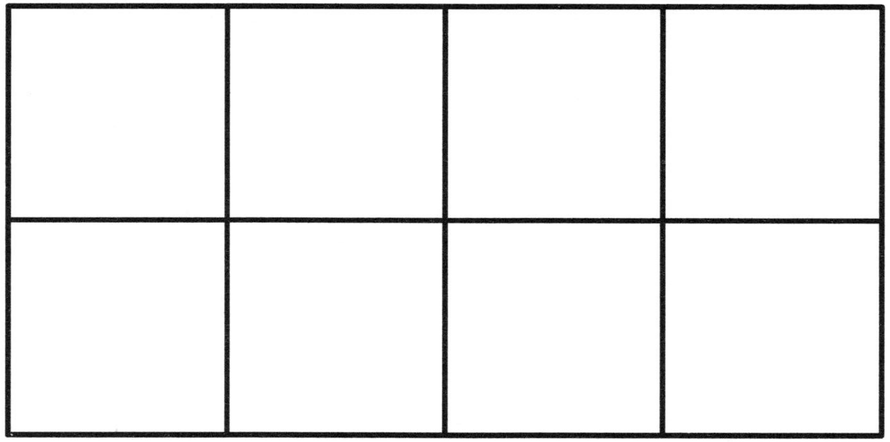

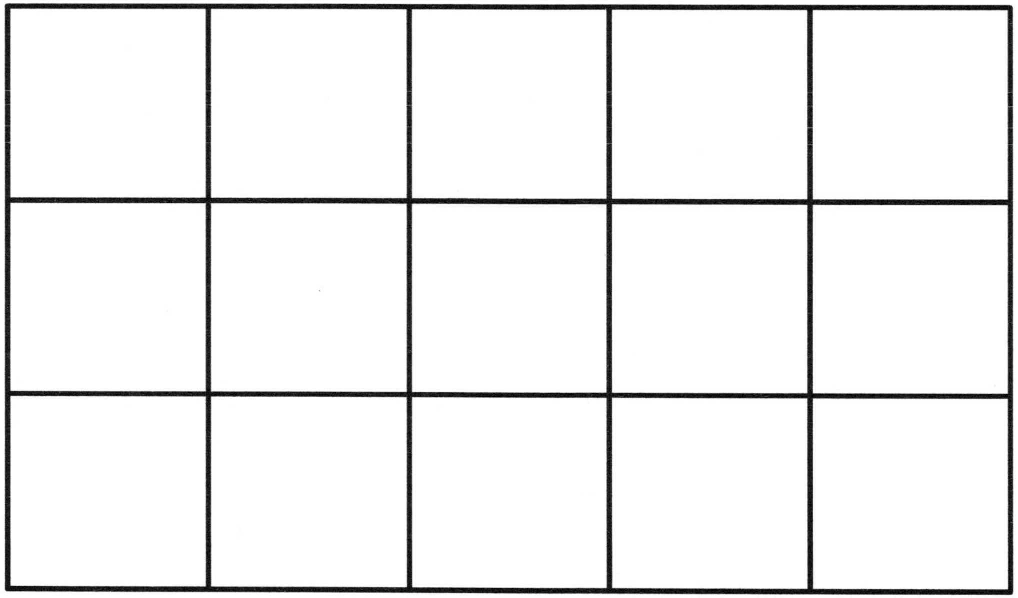

問題１７－３

問題１７－４

①

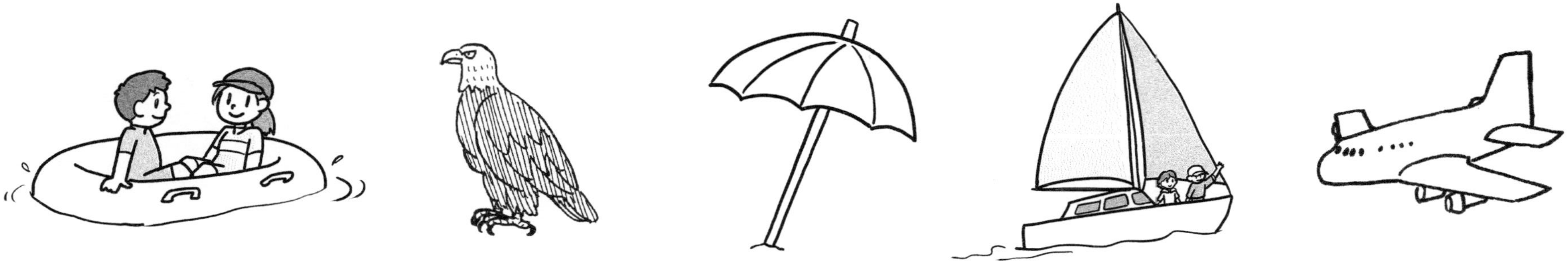

②

③

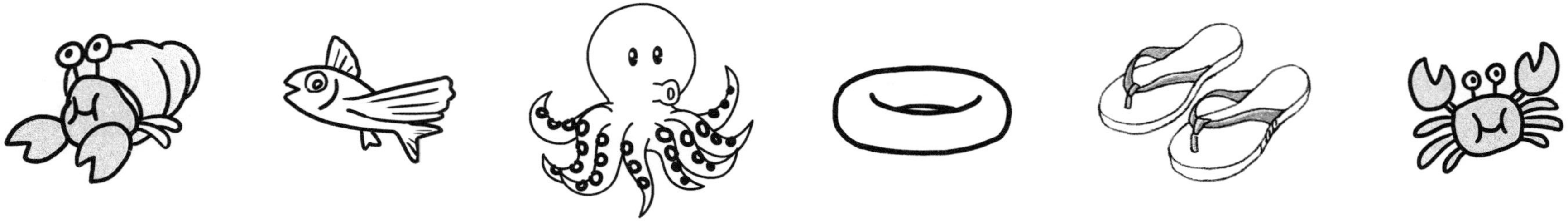

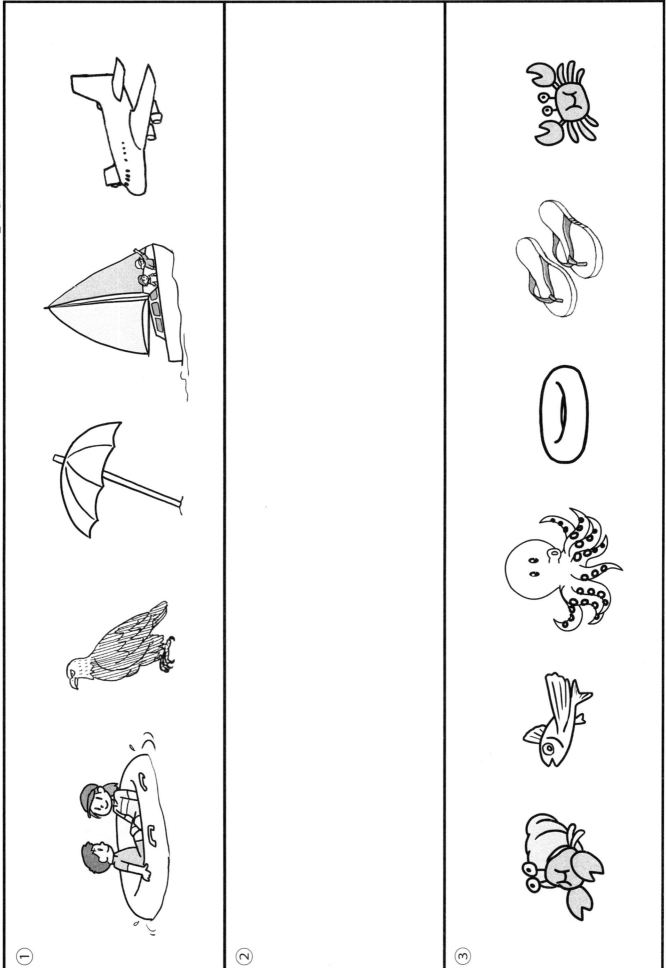

問題２３－１

①

②

③

④

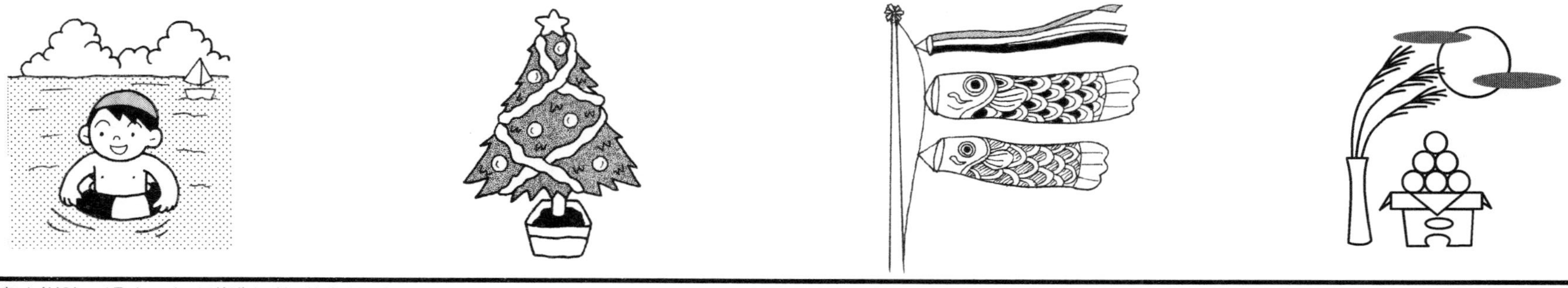

問題２３－２

⑤

⑥

⑦

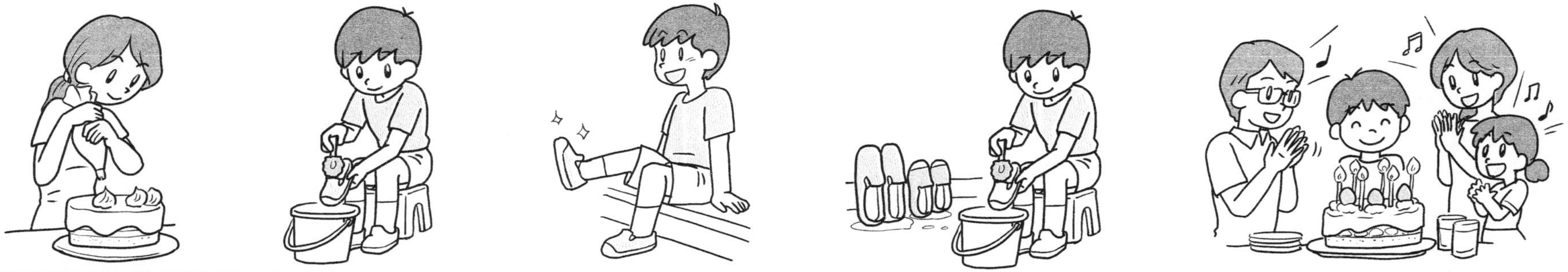

⑧

問題２４－１

①

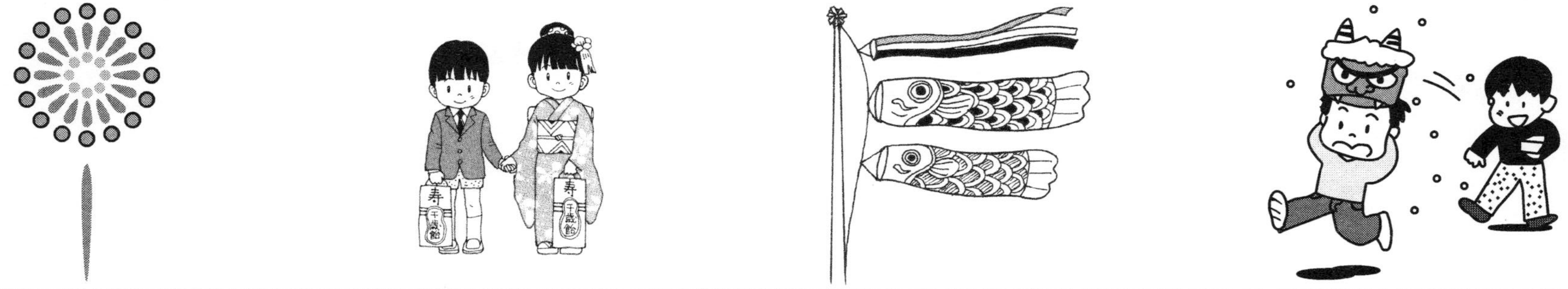

②

③

④

問題２４－２

⑤

⑥

⑦

⑧

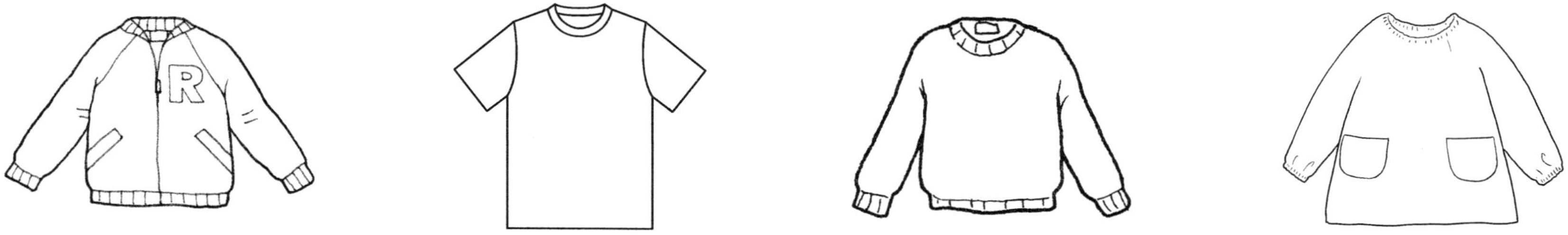

問題２５－１

問題25－2

問題26－1

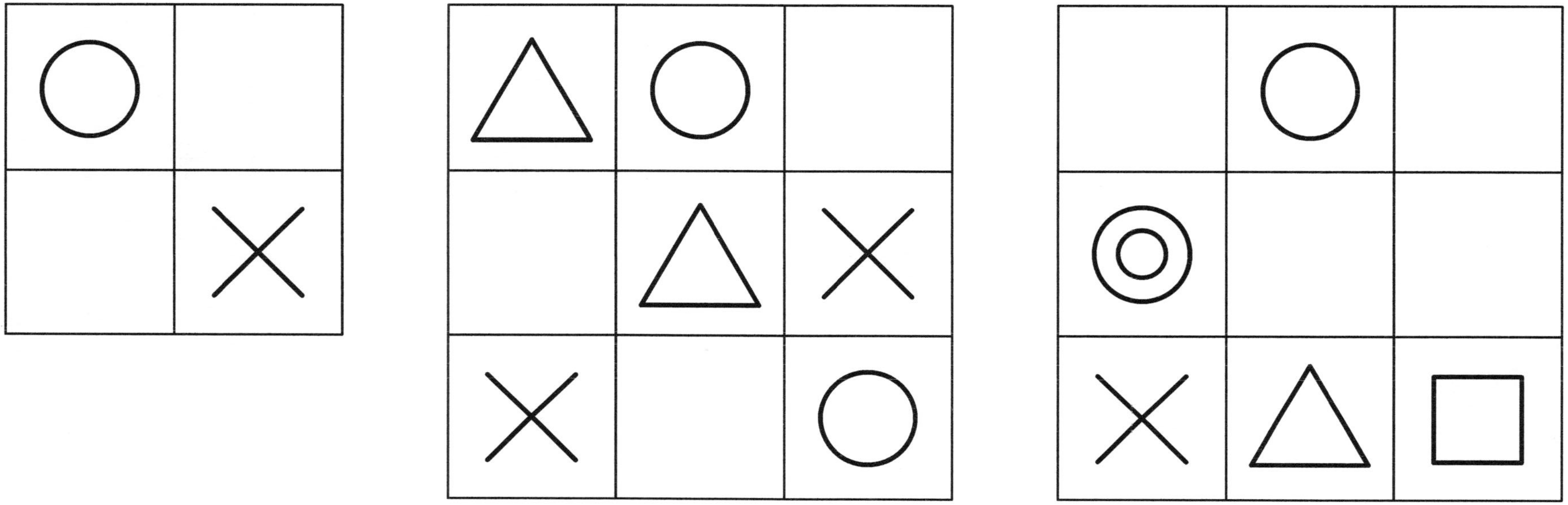

問題26－2

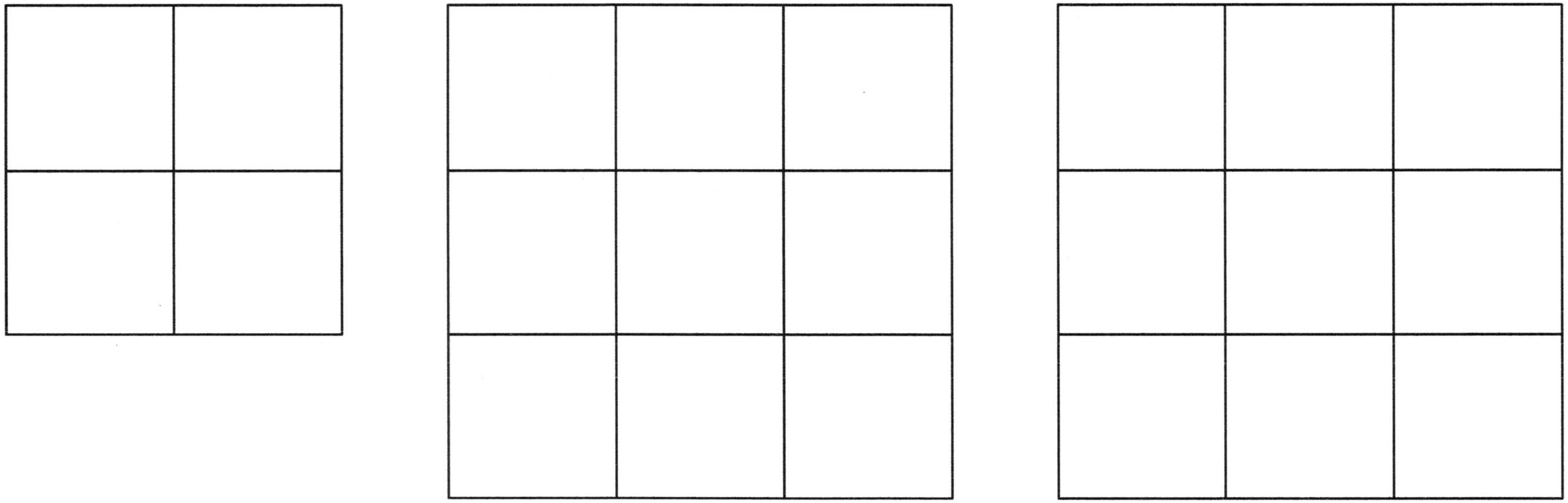

問題２７

①

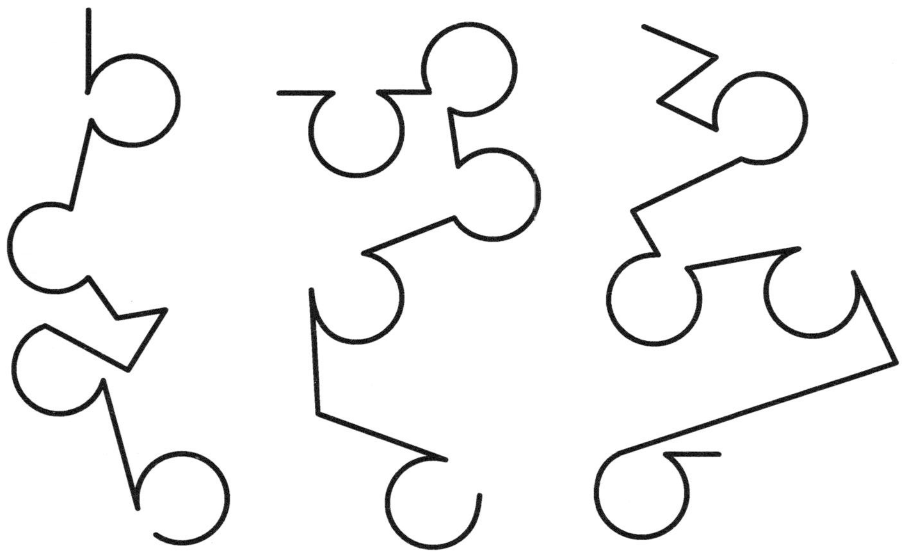

②

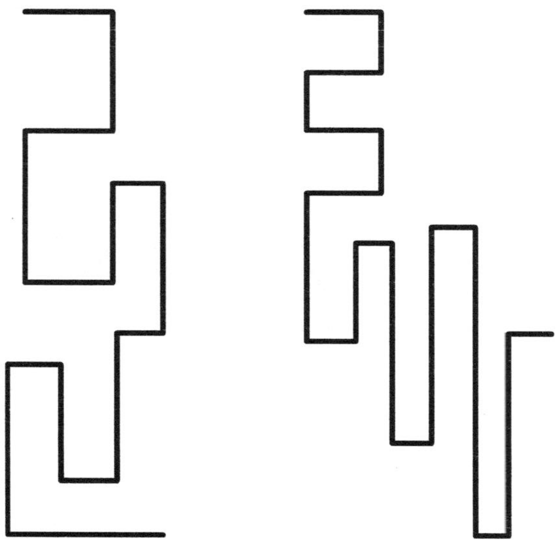

③

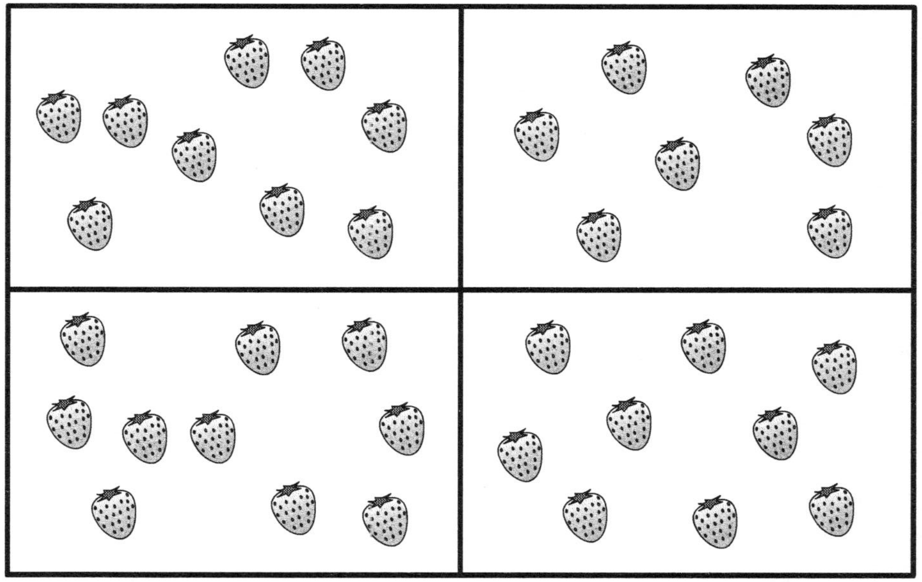

④

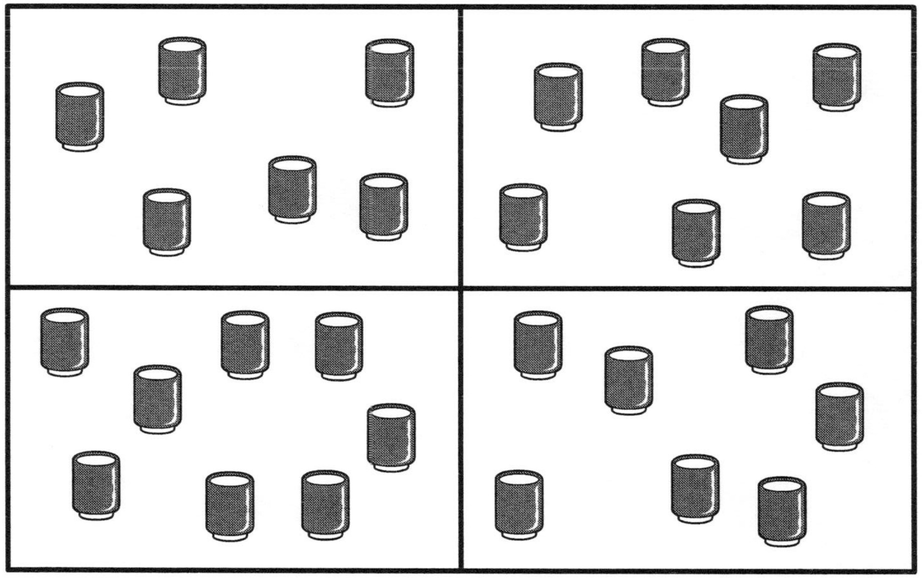

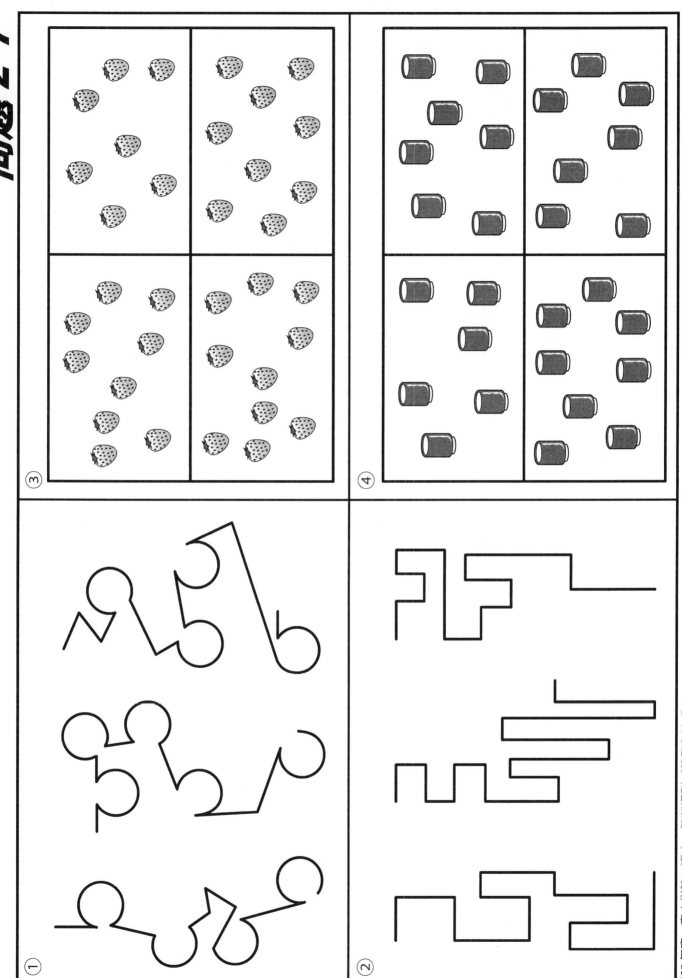

問題２８

①

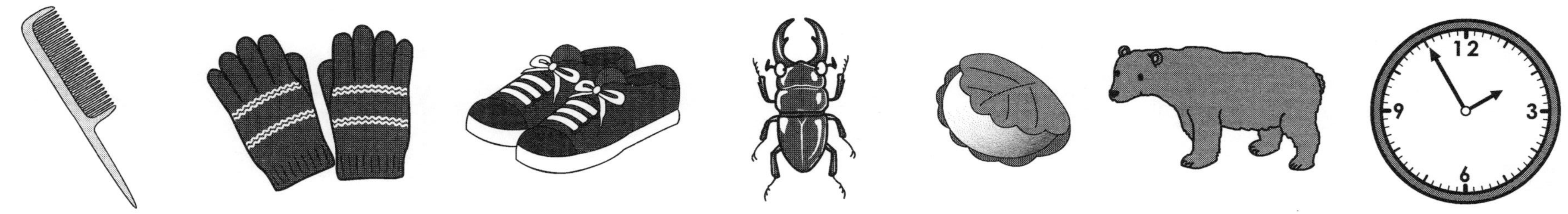

②

③

④

問題２９

①

②

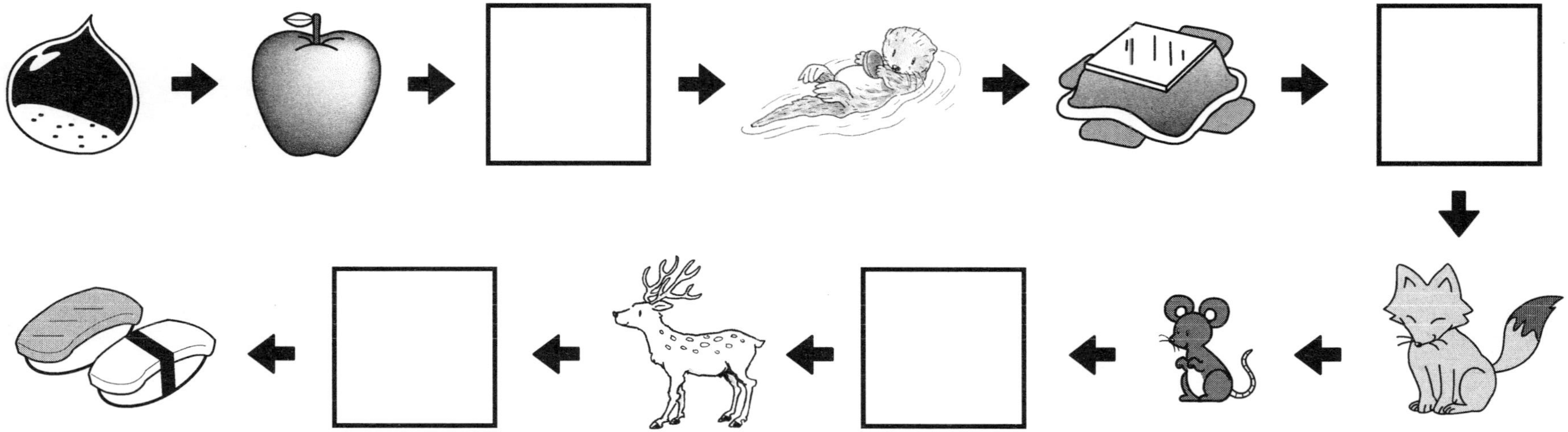

問題３０

①

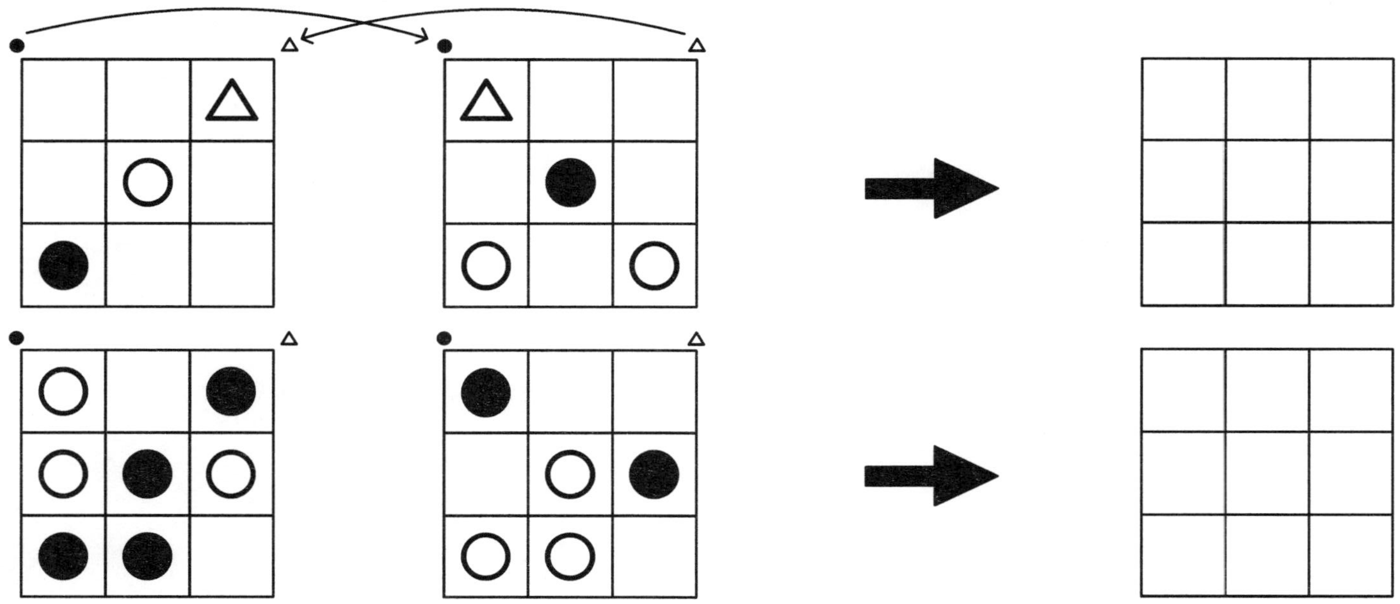

②

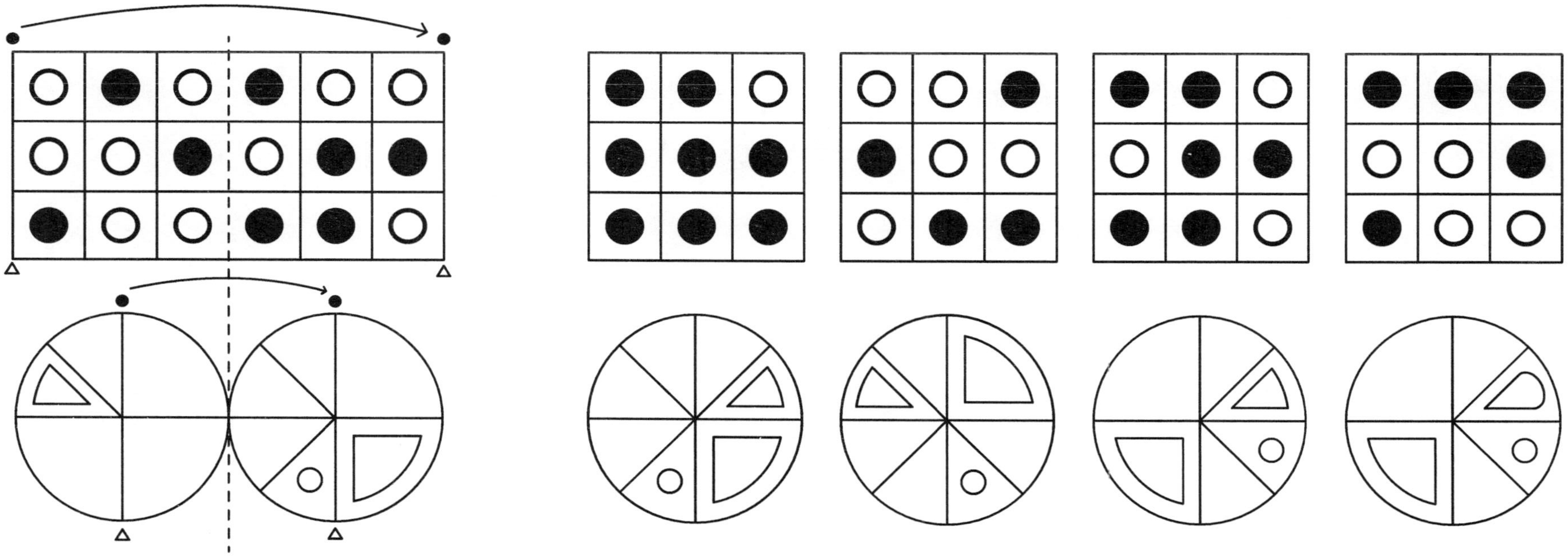

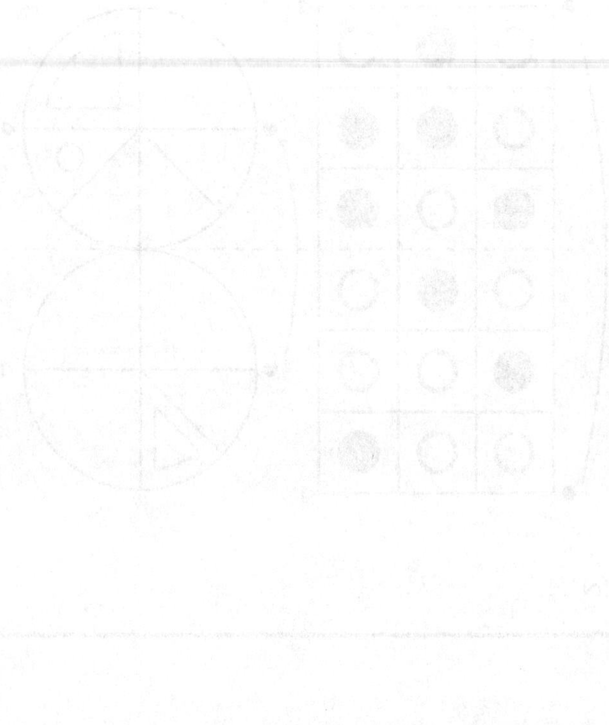

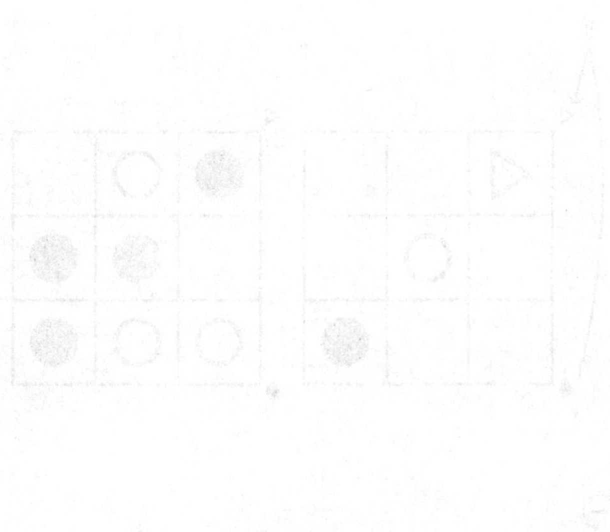

問題３１

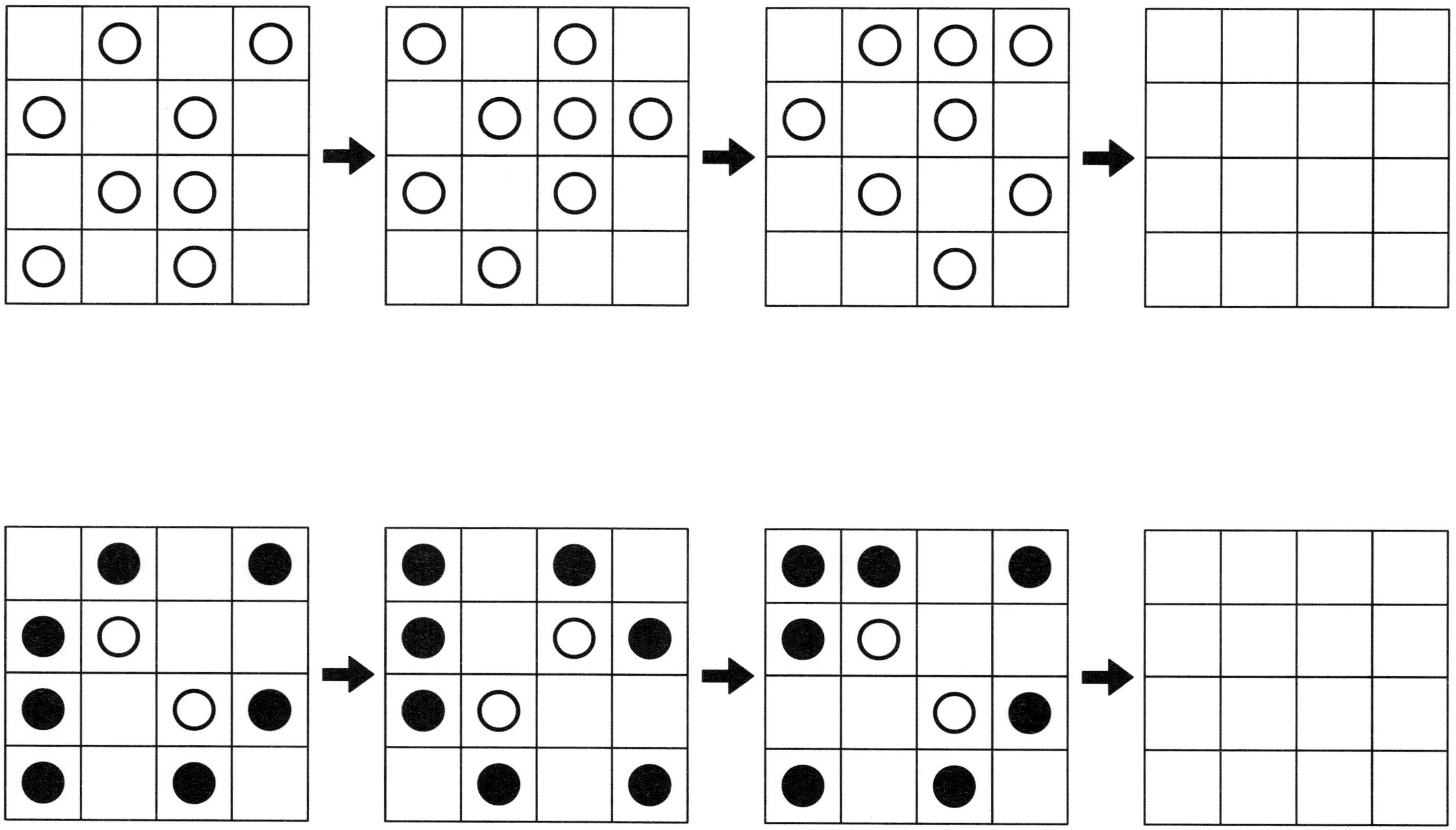

問題３２

①

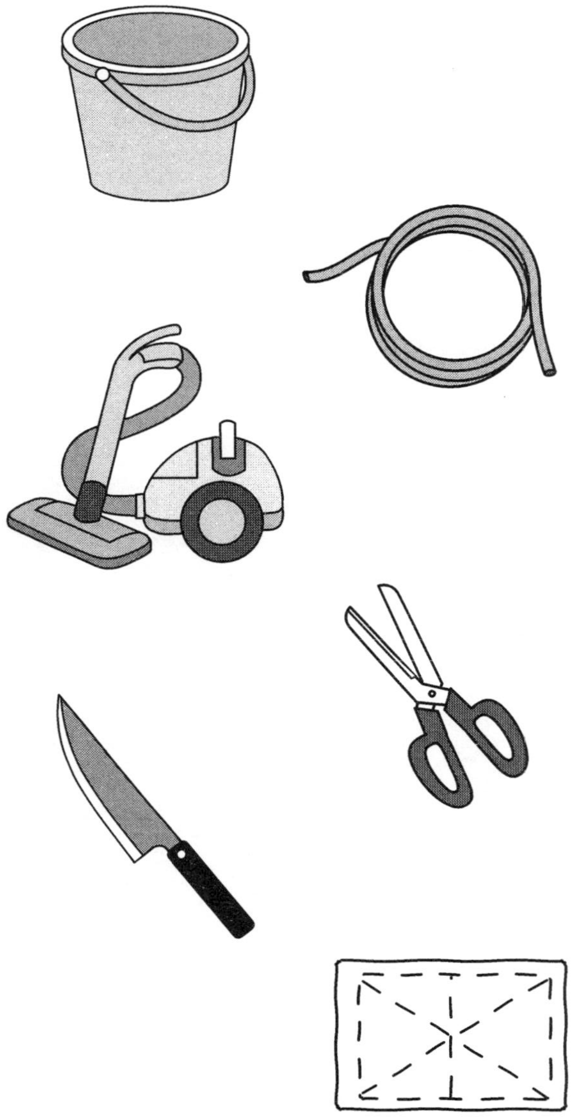

②

③

問題３３

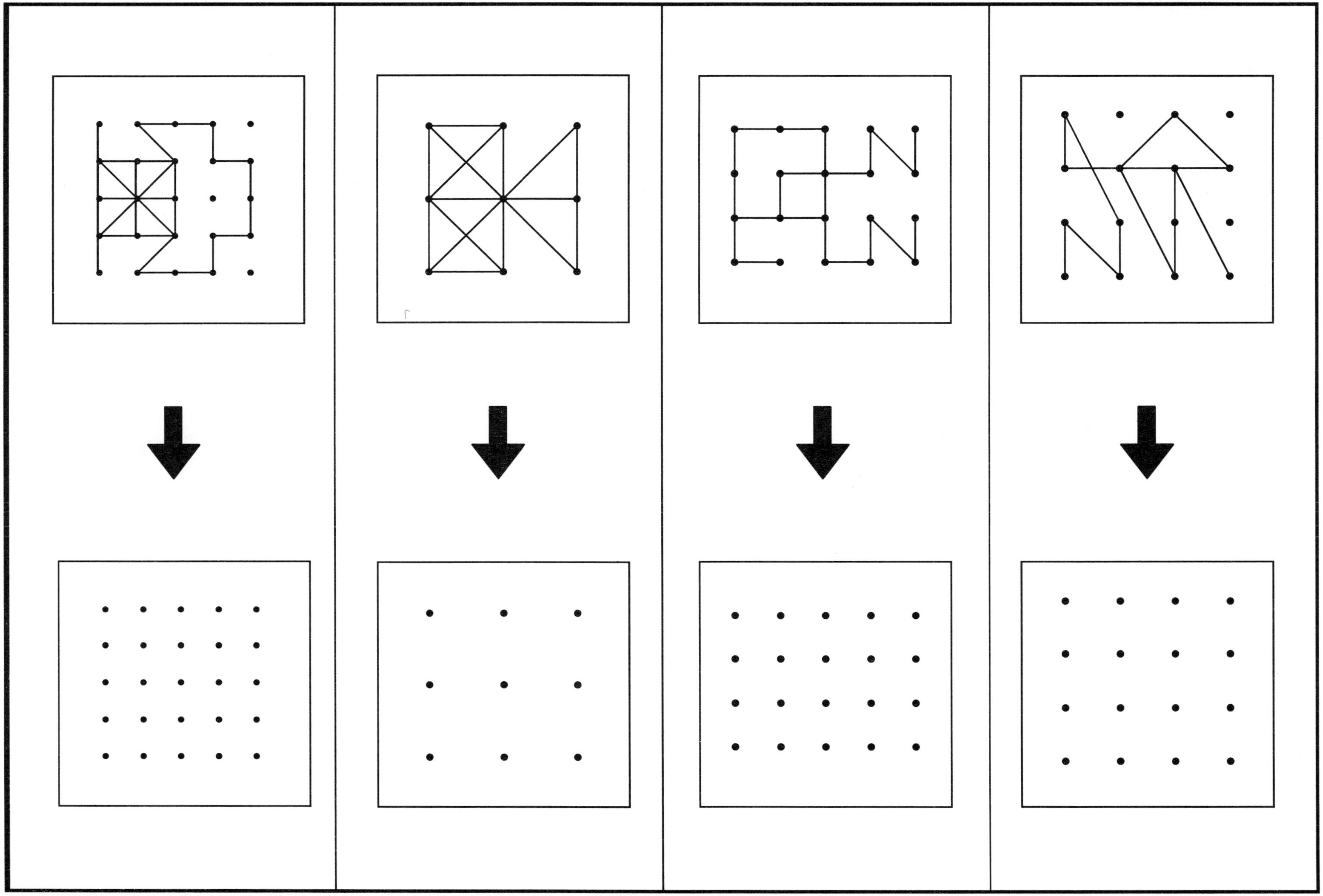

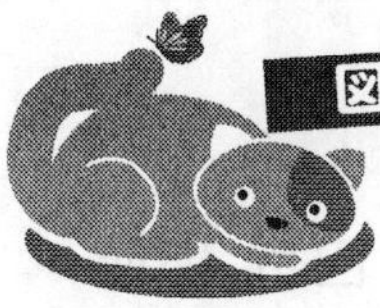

図書カード1000円分プレゼント

ご記入日　　年　月　日

☆国・私立小学校受験アンケート☆

※可能な範囲でご記入下さい。選択肢は○で囲んで下さい。

〈小学校名〉＿＿＿＿＿＿＿＿　〈お子さまの性別〉男・女　〈誕生月〉＿＿月

〈その他の受験校〉（複数回答可）＿＿＿＿＿＿＿＿

〈受験日〉①：＿＿月＿＿日〈時間〉＿＿時＿＿分～＿＿時＿＿分

②：＿＿月＿＿日〈時間〉＿＿時＿＿分～＿＿時＿＿分

〈受験者数〉男女計＿＿名（男子＿＿名　女子＿＿名）

〈お子さまの服装〉＿＿＿＿＿＿＿＿

〈入試全体の流れ〉（記入例）準備体操→行動観察→ペーパーテスト

＿＿＿＿＿＿＿＿

Eメールによる情報提供

日本学習図書では、Eメールでも入試情報を募集しております。

下記のアドレスに、アンケートの内容をご入力の上、メールをお送り下さい。

ojuken@nichigaku.jp

●行動観察　（例）好きなおもちゃで遊ぶ・グループで協力するゲームなど

〈実施日〉＿＿月＿＿日〈時間〉＿＿時＿＿分～＿＿時＿＿分〈着替え〉□有　□無

〈出題方法〉□肉声　□録音　□その他（　　　　）〈お手本〉□有　□無

〈試験形態〉□個別　□集団（　　人程度）

〈内容〉

□自由遊び

＿＿＿＿＿＿＿＿

□グループ活動

＿＿＿＿＿＿＿＿

□その他

＿＿＿＿＿＿＿＿

〈会場図〉

●運動テスト（有・無）　（例）跳び箱・チームでの競争など

〈実施日〉＿＿月＿＿日〈時間〉＿＿時＿＿分～＿＿時＿＿分〈着替え〉□有　□無

〈出題方法〉□肉声　□録音　□その他（　　　　）〈お手本〉□有　□無

〈試験形態〉□個別　□集団（　　人程度）

〈内容〉

□サーキット運動

□走り　□跳び箱　□平均台　□ゴム跳び

□マット運動　□ボール運動　□なわ跳び

□クマ歩き

□グループ活動＿＿＿＿＿＿＿＿

□その他＿＿＿＿＿＿＿＿

〈会場図〉

日本学習図書株式会社

●知能テスト・口頭試問

〈実施日〉　＿＿月＿＿日　〈時間〉　＿＿時＿＿分　～　＿＿時＿＿分　〈お手本〉□有　□無

〈出題方法〉　□肉声　□録音　□その他（　　　　　　）　〈問題数〉　＿＿枚　＿＿問

分野	方法	内　　　　容	詳　細・イ　ラ　ス　ト
（例） お話の記憶	☑筆記 □口頭	動物たちが待ち合わせをする話	（あらすじ） 動物たちが待ち合わせをした。最初にウサギさんが来た。次にイヌくんが、その次にネコさんが来た。最後にタヌキくんが来た。 （問題・イラスト） ３番目に来た動物は誰か 
お話の記憶	□筆記 □口頭		（あらすじ） （問題・イラスト）
図形	□筆記 □口頭		
言語	□筆記 □口頭		
常識	□筆記 □口頭		
数量	□筆記 □口頭		
推理	□筆記 □口頭		
その他	□筆記 □口頭		

●制作　（例）ぬり絵・お絵かき・工作遊びなど

〈実施日〉＿＿月＿＿日〈時間〉＿＿時＿＿分＿～＿＿時＿＿分

〈出題方法〉□肉声 □録音 □その他（　　　　　）〈お手本〉□有 □無

〈試験形態〉□個別 □集団（　　　人程度）

材料・道具	制作内容
□ハサミ □のり（□つぼ □液体 □スティック） □セロハンテープ □鉛筆 □クレヨン（　色） □クーピーペン（　色） □サインペン（　色）□ □画用紙（□ A4 □ B4 □ A3 □その他：　　　　　） □折り紙 □新聞紙 □粘土 □その他（　　　　　　）	□切る　□貼る　□塗る　□ちぎる　□結ぶ　□描く　□その他（　　　　　） タイトル：＿＿＿＿＿＿＿＿

●面接

〈実施日〉＿＿月＿＿日〈時間〉＿＿時＿＿分＿～＿＿時＿＿分〈面接担当者〉＿＿名

〈試験形態〉□志願者のみ（　）名 □保護者のみ □親子同時 □親子別々

〈質問内容〉

□志望動機　□お子さまの様子

□家庭の教育方針

□志望校についての知識・理解

□その他（　　　　　　　　　）

（ 詳 細 ）

・

・

・

・

※試験会場の様子をご記入下さい。

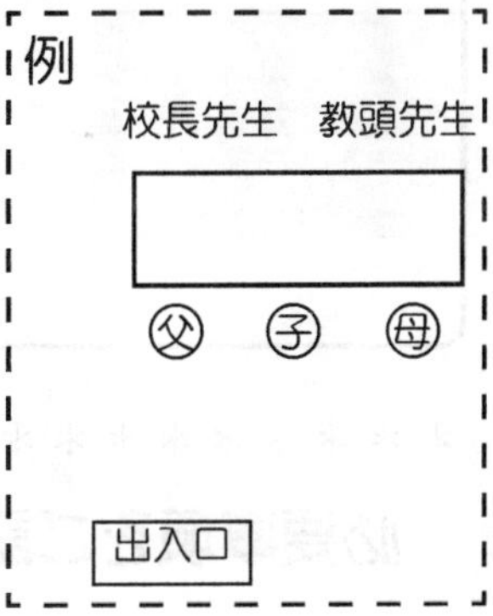

●保護者作文・アンケートの提出（有・無）

〈提出日〉□面接直前　□出願時　□志願者考査中　□その他（　　　　　）

〈下書き〉□有　□無

〈アンケート内容〉

（記入例）当校を志望した理由はなんですか（150 字）

●説明会（□有　□無）〈開催日〉＿＿月＿＿日〈時間〉＿＿時＿＿分　～　＿＿時＿＿分
〈上履き〉　□要　□不要　〈願書配布〉　□有　□無　〈校舎見学〉　□有　□無
〈ご感想〉

●参加された学校行事 （複数回答可）
公開授業〈開催日〉＿＿月＿＿日〈時間〉＿＿時＿＿分　～　＿＿時＿＿分
運動会など〈開催日〉＿＿月＿＿日〈時間〉＿＿時＿＿分　～　＿＿時＿＿分
学習発表会・音楽会など〈開催日〉＿＿月＿＿日〈時間〉＿＿時＿＿分　～　＿＿時＿＿分
〈ご感想〉
※是非参加したほうがよいと感じた行事について

●受験を終えてのご感想、今後受験される方へのアドバイス
※対策学習（重点的に学習しておいた方がよい分野）、当日準備しておいたほうがよい物など

＊＊＊＊＊＊＊＊＊＊＊＊＊　ご記入ありがとうございました　＊＊＊＊＊＊＊＊＊＊＊＊＊

必要事項をご記入の上、ポストにご投函ください。

なお、本アンケートの送付期限は入試終了後３ヶ月とさせていただきます。また、入試に関する情報の記入量が当社の基準に満たない場合、謝礼の送付ができないことがございます。あらかじめご了承ください。

ご住所：〒＿＿＿＿＿＿＿＿＿＿＿＿＿＿＿＿＿＿＿＿

お名前：＿＿＿＿＿＿＿＿＿＿＿＿　メール：＿＿＿＿＿＿＿＿＿＿＿＿

ＴＥＬ：＿＿＿＿＿＿＿＿＿＿＿＿　ＦＡＸ：＿＿＿＿＿＿＿＿＿＿＿＿

アンケートのご記入
ありがとうございました

ご記入頂いた個人に関する情報は、当社にて厳重に管理致します。弊社の個人情報取り扱いに関する詳細は、www.nichigaku.jp/policy.php の「個人情報の取り扱い」をご覧下さい。

分野別 小学入試練習帳 ジュニアウォッチャー

1．点・線図形	小学校入試で出題頻度の高い『点・線図形』の模写を、難易度の低いものから段階別に幅広く練習することができるように構成。
2．座標	図形の位置模写という作業を、難易度の低いものから段階別に練習できるように構成。
3．パズル	様々なパズルの問題を難易度の低いものから段階別に練習できるように構成。
4．同図形探し	小学校入試で出題頻度の高い、同図形選びの問題を繰り返し練習できるように構成。
5．回転・展開	図形などを回転、または展開したとき、形がどのように変化するかを学習し、理解を深められるように構成。
6．系列	数、図形などの様々な系列問題を、難易度の低いものから段階別に練習できるように構成。
7．迷路	迷路の問題を繰り返し練習できるように構成。
8．対称	対称に関する問題を４つのテーマに分類し、各テーマごとに問題を段階別に練習できるように構成。
9．合成	図形の合成に関する問題を、難易度の低いものから段階別に練習できるように構成。
10．四方からの観察	もの（立体）を様々な角度から見て、どのように見えるかを推理する問題を段階別に整理し、１つの形式で複数の問題を練習できるように構成。
11．いろいろな仲間	ものや動物、植物の共通点を見つけ、分類していく問題を中心に構成。
12．日常生活	日常生活における様々な問題を６つのテーマに分類し、各テーマごとに一つの問題形式で複数の問題を練習できるように構成。
13．時間の流れ	『時間』に着目し、様々なものごとは、時間が経過するとどのように変化するのかということを学習し、理解できるように構成。
14．数える	様々なものを『数える』ことから、数の多少の判定やかけ算、わり算の基礎までを練習できるように構成。
15．比較	比較に関する問題を５つのテーマ（数、高さ、長さ、量、重さ）に分類し、各テーマごとに問題を段階別に練習できるように構成。
16．積み木	数える対象を積み木に限定した問題集。
17．言葉の音遊び	言葉の音に関する問題を５つのテーマに分類し、各テーマごとに問題を段階別に練習できるように構成。
18．いろいろな言葉	表現力をより豊かにするいろいろな言葉として、擬態語や擬声語、同音異義語、反意語、数詞を取り上げた問題集。
19．お話の記憶	お話を聴いてその内容を記憶、理解し、設問に答える形式の問題集。
20．見る記憶・聴く記憶	「見て憶える」「聴いて憶える」という『記憶』分野に特化した問題集。
21．お話作り	いくつかの絵を元にしてお話を作る練習をして、想像力を養うことができるように構成。
22．想像画	描かれてある形や景色に好きな絵を描くことにより、想像力を養うことができるように構成。
23．切る・貼る・塗る	小学校入試で出題頻度の高い、はさみやのりなどを用いた巧緻性の問題を繰り返し練習できるように構成。
24・絵画	小学校入試で出題頻度の高い、お絵かきやぬり絵などクレヨンやクーピーペンを用いた巧緻性の問題を繰り返し練習できるように構成。
25．生活巧緻性	小学校入試で出題頻度の高い日常生活の様々な場面における巧緻性の問題集。
26．文字・数字	ひらがなの清音、濁音、拗音、拗長音、促音と１～20までの数字に焦点を絞り、練習できるように構成。
27．理科	小学校入試で出題頻度が高くなりつつある理科の問題を集めた問題集。
28．運動	出題頻度の高い運動問題を種目別に分けて構成。
29．行動観察	項目ごとに問題提起をし、「このような時はどうか、あるいはどう対処するのか」の観点から問いかける形式の問題集。
30．生活習慣	学校から家庭に提起された問題と思って、一問一問絵を見ながら話し合い、考える形式の問題集。

31．推理思考	数、量、言語、常識（含理科、一般）など、諸々のジャンルから問題を構成し、近年の小学校入試問題傾向に沿って構成。
32．ブラックボックス	箱や筒の中を通ると、どのようなお約束でどのように変化するかを推理・思考する問題集。
33．シーソー	重さの違うものをシーソーに乗せた時どちらに傾くのか、またどうすればシーソーは釣り合うのかを思考する基礎的な問題集。
34．季節	様々な行事や植物などを季節別に分類できるように知識をつける問題集。
35．重ね図形	小学校入試で頻繁に出題されている「図形を重ね合わせてできる形」についての問題を集めました。
36．同数発見	様々な物を数え「同じ数」を発見し、数の多少の判断や数の認識の基礎を学べるように構成した問題集。
37．選んで数える	数の学習の基本となる、いろいろなものの数を正しく数える学習を行う問題集。
38．たし算・ひき算１	数字を使わず、たし算とひき算の基礎を身につけるための問題集。
39．たし算・ひき算２	数字を使わず、たし算とひき算の基礎を身につけるための問題集。
40．数を分ける	数を等しく分ける問題です。等しく分けたときに余りが出るものもあります。
41．数の構成	ある数がどのような数で構成されているか学んでいきます。
42．一対多の対応	一対一の対応から、一対多の対応まで、かけ算の考え方の基礎学習を行います。
43．数のやりとり	あげたり、もらったり、数の変化をしっかりと学びます。
44．見えない数	指定された条件から数を導き出します。
45．図形分割	図形の分割に関する問題集。パズルや合成の分野にも通じる様々な問題を集めました。
46．回転図形	「回転図形」に関する問題集。やさしい問題から始め、いくつかの代表的なパターンから、段階を踏んで学習できるよう編集されています。
47．座標の移動	「マス目の指示通りに移動する問題」と「指示された数だけ移動する問題」を収録。
48．鏡図形	鏡で左右反転させた時の見え方を考えます。平面図形から立体図形、文字、絵まで。
49．しりとり	すべての学習の基礎となる「言葉」を学ぶこと、特に「語彙」を増やすことに重点をおき、さまざまなタイプの「しりとり」問題を集めました。
50．観覧車	観覧車やメリーゴーラウンドなどを舞台にした「回転系列」の問題集。 「推理思考」分野の問題ですが、要素として「図形」や「数量」も含みます。
51．運筆①	鉛筆の持ち方を学び、点線なぞり、お手本を見ながらの模写で、線を引く練習をします。
52．運筆②	運筆①からさらに発展し、「欠所補完」や「迷路」などを楽しみながら、より複雑な鉛筆運びを習得することを目指します。
53．四方からの観察 積み木編	積み木を使用した「四方からの観察」に関する問題を練習できるように構成。
54．図形の構成	見本の図形がどのような部分によって形づくられているかを考えます。
55．理科②	理科的知識に関する問題を集中して練習する「常識」分野の問題集。
56．マナーとルール	道路や駅、公共の場でのマナー、安全や衛生に関する常識を学べるように構成。
57．置き換え	さまざまな具体的・抽象的事象を記号で表す「置き換え」の問題を扱います。
58．比較②	長さ・高さ・体積・数などを数学的な知識を使わず、論理的に推測する「比較」の問題を練習できるように構成。
59．欠所補完	線と線のつながり、欠けた絵に当てはまるものなどを求める「欠所補完」に取り組める問題集です。
60．言葉の音（おん）	しりとり、決まった順番の音をつなげるなど、「言葉の音」に関する問題に取り組める練習問題集です。

『読み聞かせ』×『質問』＝『聞く力』

お話の記憶の練習に最適

1話5分の
読み聞かせお話集①②

「アラビアン・ナイト」「アンデルセン童話」「イソップ寓話」「グリム童話」、日本や各国の民話、昔話、偉人伝の中から、教育的な物語や、過去に小学校入試でも出題された有名なお話を中心に掲載。お話ごとに、内容に関連したお子さまへの質問も掲載しています。「読み聞かせ」を通して、お子さまの『聞く力』を伸ばすことを目指します。

①巻・②巻　各48話

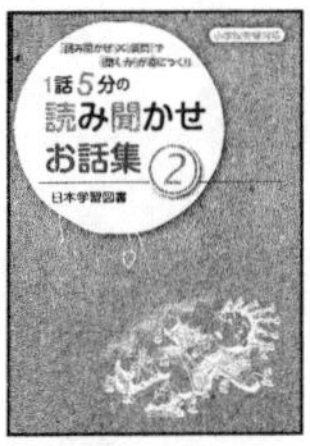

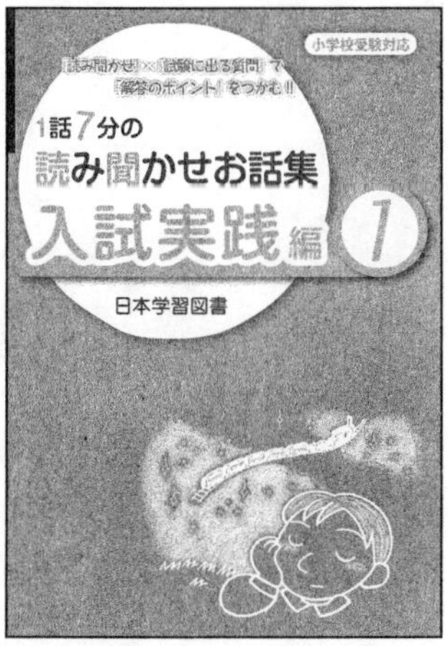

1話7分の読み聞かせお話集
入試実践編①

国立・私立小学校受験対応

最長1,700文字の長文のお話を掲載。有名でない＝「聞いたことのない」お話を聞くことで、『集中力』のアップを目指します。設問も、実際の試験を意識した設問としています。ペーパーテスト実施校の多くが「お話の記憶」の問題を出題します。毎日の「読み聞かせ」と「試験に出る質問」で、「解答のポイント」をつかんで臨みましょう！

50話収録

ニチガクの　この5冊で受験準備も万全！

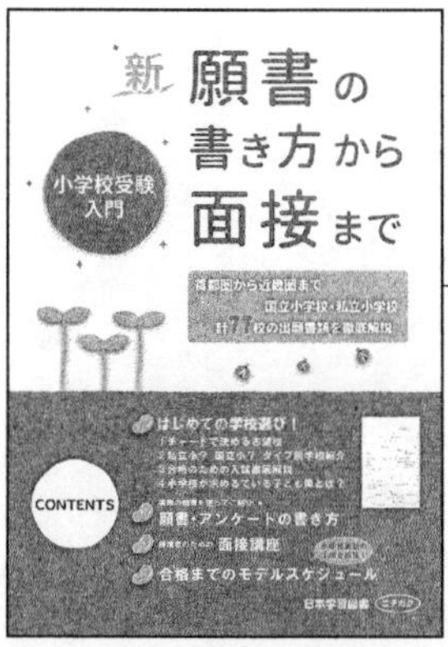

小学校受験入門
願書の書き方から面接まで　リニューアル版

主要私立・国立小学校の願書・面接内容を中心に、学校選びや入試の分野傾向、服装コーディネート、持ち物リストなども網羅し、受験準備全体をサポートします。

小学校受験で
知っておくべき125のこと

小学校受験の基本から怪しい「ウワサ」まで、保護者の方々からの125の質問にていねいに解答。目からウロコのお受験本。

新　小学校受験の
入試面接Q＆A　リニューアル版

過去十数年に遡り、面接での質問内容を網羅。小学校別、父親・母親・志願者別、さらに学校のこと・志望動機・お子さまについてなど分野ごとに模範解答例やアドバイスを掲載。

新　願書・アンケート
文例集500　リニューアル版

有名私立小、難関国立小の願書やアンケートに記入するための適切な文例を、質問の項目別に収録。合格を掴むためのヒントが満載！願書を書く前に、ぜひ一度お読みください。

小学校受験に関する
保護者の悩みQ＆A

保護者の方約1,000人に、学習・生活・躾に関する悩みや問題を取材。その中から厳選した200例以上の悩みに、「ふだんの生活」と「入試直前」のアドバイス2本立てで悩みを解決。

日本学習図書株式会社

青山学院初等部　専用注文書

年　　月　　日

合格のための問題集ベスト・セレクション

＊入試頻出分野ベスト３

1st　行動観察
協　調　　聞く力

2nd　図　形
考える力　　観察力

3rd　記　憶
聞く力　　集中力

当校の入試は、適性検査Ａが約１時間、適性検査Ｂが約３時間という長時間にわたるものです。学力だけでなく、集中力、協調性などの精神的なものも試されます。

分野	書　名	価格(税込)	注文	分野	書　名	価格(税込)	注文
図形	Ｊｒ・ウォッチャー１「点・線図形」	1,650円	冊	図形	Ｊｒ・ウォッチャー48「鏡図形」	1,650円	冊
図形	Ｊｒ・ウォッチャー２「座標」	1,650円	冊	図形	Ｊｒ・ウォッチャー53「四方からの観察 積み木編」	1,650円	冊
図形	Ｊｒ・ウォッチャー４「同図形探し」	1,650円	冊	常識	Ｊｒ・ウォッチャー56「マナーとルール」	1,650円	冊
図形	Ｊｒ・ウォッチャー５「回転・転回」	1,650円	冊	推理	Ｊｒ・ウォッチャー57「置き換え」	1,650円	冊
図形	Ｊｒ・ウォッチャー８「対称」	1,650円	冊	言語	Ｊｒ・ウォッチャー60「言葉の音（おん）」	1,650円	冊
常識	Ｊｒ・ウォッチャー12「日常生活」	1,650円	冊		実践ゆびさきトレーニング①～③	2,750円	各　冊
数量	Ｊｒ・ウォッチャー16「積み木」	1,650円	冊		新小学校受験の入試面接Ｑ＆Ａ	2,860円	冊
言語	Ｊｒ・ウォッチャー17「言葉の音遊び」	1,650円	冊		家庭で行う 面接テスト問題集	2.200円	冊
言語	Ｊｒ・ウォッチャー18「いろいろな言葉」	1,650円	冊		保護者のための 面接最強マニュアル	2.200円	冊
巧緻性	Ｊｒ・ウォッチャー23「切る・貼る・塗る」	1,650円	冊		新口頭試問・個別テスト問題集	2,750円	冊
観察	Ｊｒ・ウォッチャー28「運動」	1,650円	冊		新ノンペーパーテスト問題集	2,860円	冊
観察	ｒ・ウォッチャー29「行動観察」	1,650円	冊		１話５分の読み聞かせお話集①・②	1,980円	各　冊
推理	Ｊｒ・ウォッチャー31「推理思考」	1,650円	冊		お話の記憶問題集 中級編・上級編	2,200円	各　冊

合計	冊	円

（フリガナ） 氏　名	電　話 ＦＡＸ E-mail
住　所　〒　　　－	以前にご注文されたことはございますか。 有　・　無

★お近くの書店、または記載の電話・FAX・ホームページにてご注文をお受けしております。
電話：03-5261-8951　FAX：03-5261-8953　代金は書籍合計金額＋送料がかかります。
※なお、落丁・乱丁以外の理由による商品の返品・交換には応じかねます。
★ご記入頂いた個人に関する情報は、当社にて厳重に管理致します。なお、ご購入の商品発送の他に、当社発行の書籍案内、書籍に関する調査に使用させて頂く場合がございますので、予めご了承ください。

日本学習図書株式会社
https://www.nichigaku.jp

家庭学習をトータルサポート！ ニチガクのオリジナル 効果的 学習法

1 まずは アドバイスページを読む！

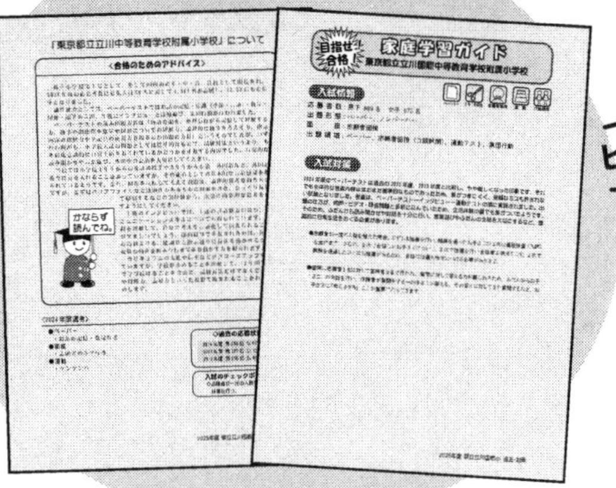

ピンク色です

対策や試験ポイントがぎっしりつまった「家庭学習ガイド」。分野アイコンで、試験の傾向をおさえよう！

2 問題をすべて読み、出題傾向を把握する

3 「アドバイス」で学校側の観点や問題の解説を熟読

4 はじめて過去問題にチャレンジ！

5 プラスα 対策問題集や類題で力を付ける

過去問のこだわり

最新問題は問題ページ、イラストページ、解答・解説ページが独立しており、お子さまにすぐに取り掛かっていただける作りになっています。
ニチガクの学校別問題集ならではの、学習法を含めたアドバイスを利用して効率のよい家庭学習を進めてください。

各問題のジャンル

問題4 分野：系列

〈準備〉　クーピーペン（赤）

〈問題〉　左側に並んでいる３つの形を見てください。真ん中の抜けているところには右側のどの四角が入ると繋がるでしょうか。右側から探して○を付けてください。

〈時間〉　30秒

〈解答〉　①真ん中　②右　③左

アドバイス

複雑な系列の問題です。それぞれの問題がどのような約束で構成されているのか確認をしましょう。この約束が理解できていないと問題を解くことができません。また、約束を見つけるとき、一つの視点、考えに固執するのではなく、色々と着眼点を変えてとらえるようにすることで発見しやすくなります。この問題では、①と②は中の模様が右の方へまっすぐ1つずつ移動しています。③は4つの矢印が右の方へ回転して1つずつ移動しています。それぞれ移動のし方が違うことに気が付きましたでしょうか。系列にも様々な出題がありますので、このような系列の問題も学習しておくことをおすすめ致します。系列の問題は、約束を早く見つけることがポイントです。

【おすすめ問題集】
Ｊｒ・ウォッチャー６「系列」

アドバイス

各問題の解説や学校の観点、指導のポイントなどを教えます。
今日から保護者の方が家庭学習の先生に！

おすすめ対策問題集

分野ごとに対策問題集をご紹介。苦手分野の克服に最適です！
＊専用注文書付き。

2025年度版　青山学院初等部　過去問題集

発行日　2024年7月7日
発行所　〒162-0821　東京都新宿区津久戸町 3-11-9F
日本学習図書株式会社
電　話　03-5261-8951 ㈹

ISBN978-4-7761-5552-2
C6037 ¥2100E

9784776155522

定価2,310円
(本体2,100円+税10%)

1926037021001

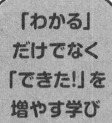